MEIN LEIB UND SEELE FREUEN SICH
IN DEM LEBENDIGEN GOTT

Dietrich Steck

Mein Leib und Seele freuen sich

Gotteserfahrungen

Bibliografische Information der Deutschen
Nationalbibliothek: Die Deutsche Nationalbibliothek verzeichnet diese Publikation in
der Deutschen Nationalbibliografie; detail-
lierte bibliografische Daten sind im Internet
über http://dnb.d-nb.de abrufbar.

Herstellung und Verlag: Books on Demand GmbH, Norderstedt
ISBN 978-3-8423-3876-0

http://www.dietrich-steck.de

Spätlese

Draußen werden die Weintrauben geerntet und gekeltert. Drinnen bringen wir die Predigt-Ernte der letzten drei Jahre ein und keltern die Entwürfe zu Lesetexten.

Die Predigten habe ich in den letzten drei Jahren in Bönnigheim (mit Hohenstein und Hofen), Heroldstatt-Sontheim und in der Erlöserkirche Ludwigsburg gehalten. Dazu kamen einige Osterpredigten aus der Kornwestheimer Zeit.

Michael Steck hat als Germanist die Manuskripte gegengelesen und sich um die Gesamtherstellung gekümmert. Bernhard Küchle hat mich gründlich theologisch beraten. Den Umschlag haben Bernhard Küchle und Ute Lachenauer gestaltet.

Für all das herzlichen Dank!

Dank allen Hörerinnen und Hörern, die mich ermutigt haben, weiterhin zu predigen!

Dank dem, der mir gute Jahre schenkt, in denen ich noch predigen kann!

Bönnigheim, im Herbst 2010
Dietrich Steck

Inhalt

Zwei Säulen: Mose und Elia

Am Eingang zu diesem Buch stehen zwei Säulen: Mose, der von Gott berufene Vermittler des Bundes zwischen Gott und Israel, und Elia, der leidenschaftliche Kämpfer für den Gott Israels gegen die heidnischen Naturgötter. Bei aller Verschiedenheit der Zeitalter, Persönlichkeiten und Lebensläufe lassen sich einige Gemeinsamkeiten herausarbeiten:

Sie erfahren beide eine intensive Gottes-Begegnung auf dem Gottesberg. Beide sind noch aktiv, sehen aber schon das Ende ihres Wirkens vor sich: Mose wird das Volk die letzte Etappe ins Gelobte Land führen, selbst aber nicht hinein kommen. Elia wird bald sein Amt an seinen Nachfolger übergeben. Ihrer beider Situation ist bestimmt von einer Krise: Während Mose das erste Mal auf dem Gottesberg war, um die Zehn Gebote zu empfangen, errichtete sein Bruder Aaron ein goldenes Stierbild und ließ es anbeten. Nur die Fürbitte des Mose hat verhindert, dass Gott das frisch berufene Bundesvolk vernichtete. Elia ist mitten drin in der Krise. Er hat einen Triumph über die Baals-Priester erlebt: Ihr Opferfeuer brennt nicht, während das des Elia vom Gott Israels entzündet wird. Elia lässt die Baals-Priester abschlachten – und ist Tags darauf ein wehrloser Flüchtling.

Von beiden gibt es kein Grab: Mose stirbt vor dem Einzug in das Gelobte Land und wird von Gott selbst begraben. Elia wird mit einem feurigen Wagen zum Himmel entrückt. Bei der Verklärung Jesu vor dem engsten Jüngerkreis (Matth. 17, 1-9) trifft Jesus mit Mose und Elia zusammen.

„Lass mich deine Herrlichkeit sehen!" – Mose auf dem Gottesberg

2. Mose 33, 18-23
(mit Einbeziehung der umliegenden Kapitel)

Und Mose sprach: Lass mich deine Herrlichkeit sehen! Und er sprach: Ich will vor deinem Angesicht all meine Güte vorübergehen lassen und will vor dir kundtun den Namen des Herrn: Wem ich gnädig bin, dem bin ich gnädig, und wessen ich mich erbarme, dessen erbarme ich mich. Und er sprach weiter: Mein Angesicht kannst du nicht sehen; denn kein Mensch wird leben, der mich sieht. Und der Herr sprach weiter: Siehe, es ist ein Raum bei mir, da sollst du auf dem Fels stehen. Wenn dann meine Herrlichkeit vorübergeht, will ich dich in die Felskluft stellen und meine Hand über dir halten, bis ich vorüber gegangen bin. Dann will ich meine Hand von dir tun, und du darfst hinter mir her sehen; aber mein Angesicht kann man nicht sehen.

Mose befindet sich auf dem Gottesberg Horeb. Gott hat ihn noch einmal zu sich auf den Berg gerufen, um ihm die neuen Gesetzestafeln zu übergeben. Nach diesem Treffen wird Mose den Berg hinabsteigen und das Volk die letzte Wegstrecke durch die Wüste führen. Bald werden sie im Gelobten Land ankommen, aber Mose wird nicht mehr dabei sein. Er wird vorher sterben, und Gott selbst wird ihn begraben. Das Gespräch auf dem Berg ist also für Mose die letzte Gelegenheit, eine Bitte auszusprechen, die er schon lange mit sich herumträgt: *„Gott, lass mich deine Herrlichkeit sehen!"* Lass mich dir ganz nahe kommen! Zeichne mich dadurch aus vor allen Menschen, die ja – wie ich auch – dich nur auf Abstand, indirekt sehen können!

Mose hat ja eine bewegte Geschichte mit Gott und seinem Volk hinter sich. Von seiner Schafherde weg von Gott berufen, muss er das in Ägypten versklavte Volk Israel sammeln und es aus Ägypten herausführen. Er muss den Widerstand des Pharao überwinden, bricht dann auf in die Wüste. Dort entgeht das Volk nur durch ein Wunder den ägyptischen Verfolgern. Das Volk hungert – Gott gibt das Manna. Das Volk dürstet – Mose darf Wasser aus dem Fels schlagen. Ohne Mose als Anführer geht nichts.

Daneben ist Mose Sprecher Gottes, also ein Prophet. Er überbringt die Zehn Gebote. Wenn das Volk meutert, weil es den Marsch durch die Wüste nicht fortsetzen will, muss Mose die Leute zugleich schelten und besänftigen. Als sich das Volk während Moses Aufenthalt auf dem Gottesberg ein goldenes Stierbild macht, um es als seinen Gott anzubeten, muss Mose im Auftrag Gottes eine schreckliche Bestrafung durchführen. Er muss Gott in guten und bösen Tagen vertreten.

Zugleich muss er gegenüber Gott sein Volk priesterlich-fürbittend vertreten. Das aufsässige Volk macht es ihm nicht leicht, aber Gott macht es ihm auch nicht leicht. Nicht nur, dass Mose beauftragt wird, schreckliches Unheil anzukündigen: Gott macht ihm ein Angebot, das zugleich großartig und unanständig ist: *Ich sehe, dass es ein halsstarriges Volk ist. Und nun lass mich, dass mein Zorn über sie entbrenne und sie vertilge: dafür will ich dich zum großen Volk machen.*

Eine einmalige Gelegenheit für Mose: Die Verheißung der vielen Nachkommen und des Landes soll Abraham und seinen Nachkommen weggenommen und Mose gegeben, das bisherige Volk vernichtet und ein neues Volk herangebildet werden. Vielleicht stellt Gott auch Mose auf die Probe, ob er auf einen solch abwegigen Vorschlag eingeht. Mose fleht für das Volk – und packt Gott bei seiner Ehre: *„Warum sollen die Ägypter sagen: Er hat sie zu ihrem Unglück herausgeführt?"* Und Mose findet Gehör bei Gott: *„Da gereute den Herrn das Unheil, das er seinem Volk zugedacht hatte."*

Gott und Mose – sie haben also schon eine lange gemeinsame Geschichte. In dieser Zeit hat das Volk immer wieder Gnade und Verzeihung bei Gott gefunden. Mose wurde zwischen Gott und seinem Volk fast zerrieben. Und nun also dieses letzte, entscheidende Gespräch – soll er da nicht den lange gehegten Wunsch äußern: *„Lass mich deine Herrlichkeit sehen!"*?

Eine so kurz formulierte Bitte – wie wird Gott darauf reagieren? Wird er Mose wegen seiner Neugier schelten? Oder wird er gar die Bitte gewähren? Seltsam: Mose erhält vier Antworten, eine ablehnende, die zweimal wiederkehrt, und drei bedingt zustimmende.

Die erste und die zweite Antwort erinnern Mose an die Art und Weise, wie er Gott schon kennen gelernt hat. Die Bitte des Mose ist also in gewissem Sinn schon lange erfüllt: *„Ich will vor deinem Angesicht all meine Güte vorüberziehen lassen"*.

Wörtlich müsste man übersetzen: *„all mein Gutes"*, also einerseits Güte im Sinn von Freundlichkeit und Großzügigkeit, also Gnade, und andererseits Güte im Sinn von guter Qualität. Wenn Gott diese seine Güte an uns vorüberziehen lässt, sehen wir unser Leben unter dem Blickwinkel dieser Güte, die wir immer wieder erfahren haben.

Die zweite Antwort kommt Moses Wunsch ebenfalls entgegen: *„Ich will vor dir kundtun den Namen des Herrn: Wem ich gnädig bin, dem bin ich gnädig, und wessen ich mich erbarme, dessen erbarme ich mich."*

Bei der Berufung des Mose am brennenden Dornbusch hat Gott sich vorgestellt als *„Ich bin, der ich bin"*, *„Ich werde sein, der ich sein werde"* oder: *„Ich bin bei dir und werde bei dir sein"*. Alle drei Übersetzungen sind möglich. Gott sagt seine beständige Güte zu und behält zugleich die Freiheit des Handelns.

Nun, in 2. Mose 33 wird der Name Gottes näher ausgelegt und dabei präzisiert: *„Wem ich gnädig bin, dem bin ich gnädig, und wessen ich mich erbarme, dessen erbarme ich mich."* Der Name drückt jetzt Gottes freie Gnadenwahl aus – eine Botschaft, die viel Anstoß erregt. Wenn Gott frei wählt, dann verwirft er ja auch frei. „Er liebt aber doch alle Menschen", oder „Er hat alle Menschen zu lieben, er muss alle Menschen gleich behandeln!" – manche Zeitgenossen scheinen auf die Liebe Gottes geradezu einen einklagbaren Rechtsanspruch zu haben. Die Bibel spricht eine ganz andere Sprache. Gott erwählt Abraham, Mose, das Volk Israel, er erwählt die Propheten, er erwählt Maria zur Mutter Jesu – um nur einige Beispiele zu nennen. Gottes Zuwendung beruht auf seiner Entscheidung für uns, unsere Entscheidung für ihn ist immer nur der Nachvollzug seiner Entscheidung für uns.

Zur dritten Antwort: Während die beiden ersten Antworten an Bekanntes erinnern, gestaltet nun Gott für Mose eine indirekte Schau seiner Herrlichkeit. Es lohnt sich, alle Einzelheiten zu betrachten:

„Siehe, es ist ein Raum bei mir." Gott gibt uns geschützte Räume, in denen wir ihm begegnen können. Damals war es das Heilige Zelt der Gottesbegegnung, später der Tempel, Synagogen, Kirchen. Auch die christliche Gemeinde ist, wenn es recht zugeht, ein Raum der Geborgenheit und der gegenseitigen Annahme, der Begegnung mit Gott.

„*Da sollst du auf dem Felsen stehen.*" Den kurzen Weg zum hochgelegenen Treffpunkt soll Mose selber gehen. So ist es überhaupt mit dem Glauben: Irgend etwas spricht uns an, interessiert uns, lässt uns neugierig werden auf den Glauben, lässt in uns einen starken Wunsch nach einem festen Glauben wachsen. In dieser Suchbewegung hat Gott im Verborgenen die Initiative ergriffen. Nun ist es am Menschen, entschiedene Schritte auf den Glauben hin zu tun, weitere Denkanstöße zu suchen, sich um Anschluss an eine christliche Gemeinschaft zu bemühen und sie anzunehmen, auch mit ihren Fehlern. Dann macht Gott den nächsten Schritt:

„*Wenn dann meine Herrlichkeit vorübergeht, will ich dich in die Felskluft stellen und meine Hand über dir halten, bis ich vorübergegangen bin.*"

Gott schützt uns vor sich selbst, vor Gott – das ist die eigentliche Spitze dieses Textes. Gott verbirgt sich in den Geheimnissen der Natur und unserer Seele. Gott begegnet uns in seinem Wort so, dass wir es fassen können, er verbirgt sich zugleich in Liedern und Gebeten. Gott ist das „Geheimnis der Welt", wie der Theologe Eberhard Jüngel es im Titel eines seiner Bücher beschreibt.

„*Dann will ich meine Hand von dir tun, und du darfst hinter mir her sehen.*" Diese Zusage Gottes erinnert uns an eine tiefe menschliche Erfahrung: Meist bemerken wir erst nachträglich, dass Gott durch unser Leben gegangen ist. Im Augenblick der Not scheint uns Gott verlassen zu haben. Im Rückblick sehen wir, dass wir ihn nicht wahrgenommen haben, weil er ganz anders da war, als wir es erwartet hatten.

Zuletzt die verneinende Antwort: „*Mein Angesicht kannst du nicht sehen; denn kein Mensch wird leben, der mich sieht.*" Es bleibt dabei: Mose ist kein Halbgott, er ist ein Mensch wie wir. Immer wieder zieht Gott durch unser Leben. Manchmal spüren wir seine Nähe, manchmal vermissen wir ihn. Wir kennen seinen Namen und können ihn anrufen. Aber sehen können wir ihn nicht unmittelbar. Daran ändern auch mystische Erfahrungen nichts. Die Gottesschau, die dort erlebt wird, ist ein Blick der Seele in sich selbst, allenfalls eine Schau des Abglanzes Gottes.

Wir bekennen, dass wir in Jesus Gott sehen. Gott hat ein Menschengesicht angenommen. Er offenbart sich, indem er sich in der sichtbaren Menschengestalt verbirgt. Er leuchtet aus unseren Herzen, und im Spiegel des Angesichts Jesu Christi sehen wir Gottes Herrlichkeit. Dazu mehr bei 2. Korinther 3 unter der Überschrift „Leib und Seele – Licht von innen" (S. 77).

Nachgeschichte:
Der Glanz auf Moses Angesicht

2. Mose 34, 29-33

„Aber mein Angesicht kann man nicht sehen" – mit dieser Ablehnung der Bitte Moses endet sein Gespräch mit Gott. Mose steigt mit den neuen Gesetzestafeln hinunter zu seinem Volk. Gott sagt erneut seine Gnade zu, es kommt zu einer Erneuerung des Bundesschlusses.

Überraschenderweise kommt dann ein Nachtrag zum Wiederabstieg Moses und seiner Rückkehr zu seinem Volk: *„Als nun Mose vom Berge Sinai herabstieg, hatte er die zwei Tafeln des Gesetzes in seiner Hand und wusste nicht, dass die Haut seines Angesichts glänzte, weil er mit Gott geredet hatte. Als nun Aaron und ganz Israel sahen, dass die Haut seines Angesichts glänzte, fürchteten sie sich, ihm zu nahen."*

War Mose Gott doch näher gekommen, als er gedacht hatte? Hatte Gottes Herrlichkeit auf ihn abgefärbt? Wie schwer wog da noch die ablehnende Auskunft: *„Mein Angesicht kann man nicht sehen"*?

„Da rief sie Mose, und sie wandten sich wieder zu ihm. Und er gebot ihnen alles, was der Herr mit ihm geredet hatte auf dem Berg Sinai. Und als er dies alles mit ihnen geredet hatte, legte er eine Decke auf sein Angesicht" (s. „Paulus und die Decke des Mose", S. 75).

Zum Thema: Große Texte

Manche Predigttexte sind kurz und prägnant. In wenigen Versen bringen sie eine Sache auf den Punkt, das ist dann das Thema der Predigt.

Ich mag lange Predigttexte. Die gehe ich Vers für Vers durch, so wie eine Frau die Perlen ihrer Kette eine nach der anderen betrachtet und sich an ihrem je eigenen Aussehen freut. Oder wie ein kleiner Junge sein Spielzeug zerlegt, um die einzelnen Teile anzusehen und zu ergründen, wie sie zusammenwirken.
Nun, die Kette bleibt beim Betrachten ganz und wirkt als Ganzes. Ob der kleine Junge sein Spielzeug wieder zusammenbringt?

Kein Kinderspiel ist die Analyse der biblischen Texte durch die historisch-kritische Auslegung. Ausgehend vom vorliegenden Bibeltext wird gefragt: Wie mag diese Erzählung, dieser Spruch ausgesehen haben, bevor sie in den Kontext eines biblischen Buches aufgenommen wurden? Was hat Jesus mit diesem Gleichnis, diesem Wort gemeint, und wie hat sich der Sinn dieser Worte bis zum Zusammenwachsen der ganzen Evangelien verändert? Was war der ursprüngliche „Sitz im Leben" dieser Worte?

Dieses historisch-kritische Hinterfragen ist auf jeden Fall nützlich, viele Worte und Geschichten bekommen mehr Tiefenschärfe, wenn man mitbedenken kann, wie die Bedeutung sich in der frühen Christenheit entsprechend der Zeitsituation verschoben hat. Eine Entscheidung muss der Prediger allerdings treffen: Lege ich meiner Auslegung die ursprüngliche Gestalt etwa der Worte Jesu zugrunde, wie sie die neutestamentliche Wissenschaft rekonstruiert? Oder ist Ausgangspunkt der vorliegende biblische Text? Ich entscheide mich klar für letzteres. Unsere biblischen Schriften sind durch einen Jahrhunderte langen Prozess der Kanonisierung hindurchgegangen, und diese Endfassung des Textes ist sozusagen die Geschäftsgrundlage zwischen Predigenden und Hörenden. Rekonstruktionen früherer Textgestalten bringen, wie gesagt, Tiefenschärfe, bleiben aber immer hypothetisch. Ein Pfarrersleben reicht vollkommen aus, um den totalen Wandel der Auslegung innerhalb weniger Jahrzehnte mitzuerleben.

Wenn Sie mit mir zusammen die kostbaren Perlen einzelner Bibelverse betrachtet haben, vergessen Sie bitte nicht, am Schluss Ihren Blick noch einmal auf der ganzen Kette ruhen zu lassen! Lesen Sie nach jeder Einzelbetrachtung den Text im Ganzen noch einmal durch!

Verändert aus der Krise – Elia am Horeb

1. Könige 19, 1-18

Und Ahab sagte Isebel alles, was Elia getan hatte und wie er alle Propheten Baals mit dem Schwert umgebracht hatte. Da sandte Isebel einen Boten zu Elia und ließ ihm sagen: Die Götter sollen mir dies und das tun, wenn ich nicht morgen um diese Zeit dir tue, wie du diesen getan hast! Da fürchtete er sich, machte sich auf und lief um sein Leben und kam nach Beerscheba in Juda und ließ seinen Diener dort. Er aber ging hin in die Wüste eine Tagereise weit und kam und setzte sich unter einen Wacholder und wünschte sich zu sterben und sprach: Es ist genug, so nimm nun, Herr, meine Seele; ich bin nicht besser als meine Väter. Und er legte sich hin und schlief unter dem Wacholder. Und siehe, ein Engel rührte ihn an und sprach zu ihm: Steh auf und iss! Und er sah sich um und siehe, zu seinen Häupten lag ein geröstetes Brot und ein Krug mit Wasser. Und als er gegessen und getrunken hatte, legte er sich wieder schlafen. Und der Engel des Herrn kam zum zweiten Mal wieder und rührte ihn an und sprach: Steh auf und iss! Denn du hast einen weiten Weg vor dir. Und er stand auf und aß und trank und ging durch die Kraft der Speise vierzig Tage und vierzig Nächte bis zum Berg Gottes, dem Horeb. Und er kam dort in eine Höhle und blieb dort über Nacht. Und siehe, das Wort des Herrn kam zu ihm: Was machst du hier, Elia? Er sprach: Ich habe geeifert für den Herrn, den Gott Zebaoth; denn Israel hat deinen Bund verlassen und deine Altäre zerbrochen und deine Propheten mit dem Schwert getötet, und ich bin allein übrig geblieben, und sie trachten danach, dass sie mir mein Leben nehmen. Der

Herr sprach: Geh heraus und tritt hin auf den Berg vor den Herrn! Und siehe, der Herr wird vorüber gehen. Und ein großer, starker Wind, der die Berge zerriss und die Felsen zerbrach, kam vor dem Herrn her; der Herr aber war nicht im Winde. Nach dem Wind aber kam ein Erdbeben; aber der Herr war nicht im Erdbeben. Und nach dem Erdbeben kam ein Feuer; aber der Herr war nicht im Feuer. Und nach dem Feuer kam ein stilles, sanftes Sausen. Als das Elia hörte, verhüllte er sein Antlitz mit seinem Mantel und ging hinaus und trat in den Eingang der Höhle. Und siehe, da kam eine Stimme zu ihm und sprach: Was hast du hier zu tun, Elia? Er sprach: Ich habe für den Herrn, den Gott Zebaoth, geeifert; denn Israel hat deinen Bund verlassen, deine Altäre zerbrochen, deine Propheten mit dem Schwert getötet, und ich bin allein übrig geblieben, und sie trachten danach, dass sie mir das Leben nehmen. Aber der Herr sprach zu ihm: Geh wieder deines Weges durch die Wüste nach Damaskus und geh hinein und salbe Hasaël zum König über Aram und Jehu, den Sohn Nimschis, zum König über Israel und Elisa, den Sohn Schafats, von Abel-Mehola zum Propheten an deiner Statt. Und es soll geschehen: Wer dem Schwert Hasaëls entrinnt, den soll Jehu töten, und wer dem Schwert Jehus entrinnt, den soll Elisa töten. Und ich will übrig lassen siebentausend in Israel, alle Knie, die sich nicht gebeugt haben vor Baal, und jeden Mund, der ihn nicht geküsst hat.

Wir lesen hier, wie der Prophet Elia einen großen Triumph feiert, dann in eine tiefe Krise stürzt und schließlich Schritt für Schritt aus der Krise wieder herausgeführt wird.

Der Prophet Elia war ein Kämpfer für den lebendigen Gott Israels und gegen die Naturgötter und deren Priester; auf deren Seite stand die mächtige Königin Isebel. Nach jahrelangem Ringen um die Herzen der Menschen kann Elia einen großen Triumph feiern: In einer Art Gottesurteil hat sich der Gott Israels als der stärkere erwiesen. Elia kostet den Triumph aus – und überzieht seinen Sieg maßlos. Die Priester der Naturgötter sind öffentlich beschämt, aber das genügt Elia nicht. Er lässt die heidnischen Priester festnehmen und abschlachten. Die Antwort auf diese Provokation kommt sofort: Die Königin droht Elia, ihn binnen Tagesfrist zu töten. Elia – gestern der triumphierende Gottesmann – heute ein wehrloser Flüchtling! So kann es gehen, wenn einer seiner Stärke zu sicher ist: ein Herzinfarkt, eine Krise im Beruf bedeuten den plötzlichen Absturz. „Er war wie eine gefällte Eiche" – so sagte mir eine Frau über ihren überstrengen Vater, der nach einem Herzinfarkt nur noch hilflos dagelegen hatte.

Für Elia folgt auf den jähen Absturz ein Weg der Heilung und Wiederherstellung, der sich in 12 Etappen gliedern lässt.

Elia rennt um sein Leben, er muss fliehen, und er kann fliehen. Manch einer mag ihn um diese Möglichkeit beneiden. Elia läuft nicht nur um sein Leben, er läuft auch seinen Problemen davon. Das darf und muss vielleicht am Anfang sein. Nach einem Tagesmarsch ist er im benachbarten Königreich Juda erst einmal in Sicherheit.

Nach einem Tag auf der Flucht spürt Elia, dass er jetzt alleine sein muss. Er schickt den treuen Diener weg, den Menschen, der Elias Alltag mit allen Höhen und Tiefen geteilt hat. Elia wird bald wieder andere Menschen brauchen, jetzt ist er erst einmal alleine mit seinem Gott.

Elia weiß jetzt nicht nur, wovor er flieht. Er hat auch ein vorläufiges Ziel: die Wüste. Warum die Wüste? Zunächst einmal: In der Wüste ist er am sichersten vor seinen Feinden. Da kann man tagelang wandern, ohne eine Menschenseele zu treffen. Vor allem aber: In der großen, strengen Landschaft der Wüste fallen alle äußeren Eindrücke und Ablenkungen weg. Da kommt der innere Mensch zum Sprechen, mag er dabei auch in Panik geraten. Im Alten Testament ist die Wüste der Ort der Gottesoffenbarung und der Brautzeit Israels. Die frühesten christlichen Mönche waren Einsiedler in der Wüste.

„Elia ging hin in die Wüste eine Tagereise weit und kam und setzte sich unter einen Wacholder und wünschte sich zu sterben und sprach: Es ist genug! So nimm nun, Herr, meine Seele; ich bin nicht besser als meine Väter." „Es ist genug!" – mit diesen Worten beginnt ein Sterbelied, das noch in unserem letzten Gesangbuch stand. Doch bei Elia geht es nicht um das Sterbenwollen eines müde gewordenen alten Mannes. Es ist das Gekränktsein eines Einzelkämpfers, der von seinem Gott enttäuscht ist. Elia will einfach nicht mehr mitspielen. So hat er nicht gewettet. Gott hat ihm doch einen außergewöhnlichen Auftrag gegeben, und jetzt lässt er ihn einfach fallen. „Ich bin doch nichts Besseres" – man glaubt Elia diese plötzliche Demut nicht so recht. Gott hat ihn ent-täuscht, das gilt hier wörtlich: Gott ist dabei, ihm eine Täuschung zu nehmen. Der eifernde Kämpfer Elia hatte sich als Prophet eines eifernden Gottes gesehen – nun soll er Gott von einer anderen Seite kennen lernen.

„Und er legte sich hin und schlief unter dem Wacholder." Wer Elia schon um die Möglichkeit der Flucht beneidet hat, wird ihn jetzt um den Schlaf beneiden. Er darf jetzt einfach einmal alles vergessen. Der einsame Wacholder in der Wüste bietet ihm einen Ort der Geborgenheit und der Ruhe. Vielleicht wünscht sich Elia auch, nicht mehr aufzuwachen.

„Und siehe, ein Engel rührte ihn an und sprach zu ihm: Steh auf und iss. Und er sah sich um, und siehe, zu seinen Häupten lag ein geröstetes Brot und ein Krug mit Wasser." Wasser und Brot, das klingt ein wenig nach Gefängnis-Verpflegung. Aber es ist das Einfache und Notwendige. Und alleine das Essenkönnen ist in einer schweren Krise eine weitere Gnade.

„Und als er gegessen und getrunken hatte, legte er sich wieder schlafen. Und der Engel des Herrn kam zum zweiten Mal wieder und rührte ihn an und sprach: Steh auf und iss! Denn du hast einen weiten Weg vor dir. Und er stand auf und aß und trank und ging durch die Kraft der Speise 40 Tage und 40 Nächte bis zum Berg Gottes, dem Horeb." Elia isst und trinkt und legt sich wieder schlafen. Es ist nicht mehr der Schlaf der Erschöpfung, sondern der Ruhe und Erholung. Elia hat jetzt einen langen Weg vor sich. Er blickt jetzt nicht mehr rückwärts in die Vergangenheit, sondern nach vorne, er ist unterwegs zur direkten Begegnung mit seinem Gott. 40 Tage und Nächte in der Wüste bereiten ihn darauf vor.

„Und er kam dort in eine Höhle und blieb dort über Nacht." Der Gottesberg bedeutet eigentlich eine tödliche Begegnung mit dem lebendigen Gott. Einst durfte nur Mose auf den Berg steigen, das Volk musste unten warten. Elia aber findet eine Höhle, einen Ort der Geborgenheit, der ihn vor der vernichtenden Macht Gottes schützt. Der gnädige Gott schützt Elia vor dem schrecklichen, zerstörenden Gott. Vielleicht ist das Glaube: in einem geschützten Raum in der Nähe Gottes sein können.

„Und siehe, das Wort des Herrn kam zu ihm: Was machst du hier, Elia? Er sprach: Ich habe geeifert für den Herrn, den Gott Zebaoth; denn Israel hat deinen Bund verlassen und deine Altäre zerbrochen und deine Propheten mit dem Schwert getötet, und ich bin allein übrig geblieben, und sie trachten danach, dass sie mir mein Leben nehmen." Elia darf sein Herz ausschütten, seine Klage vorbringen, ohne dass Gott widerspricht oder auch nur Rückfragen stellt. Der eifernde Gott der Heerscharen erweist sich als wahrer Seelsorger. Auch die Klage eines Menschen darf einfach einmal so stehen bleiben. Gott antwortet freilich nicht auf den unterschwelligen Angriff Elias: „Wie stehst du, Gott, denn da, wenn du das mit dir und mit mir machen lässt?"

„Der Herr sprach: Geh heraus und tritt hin auf den Berg vor den Herrn! Und siehe, der Herr wird vorübergehen. Und ein großer, starker Wind, der die Berge zerriss und die Felsen zerbrach, kam vor dem Herrn her; der Herr aber war nicht im Winde. Nach dem Wind aber kam ein Erdbeben; aber der Herr war nicht im Erdbeben. Und nach dem Erdbeben kam ein Feuer; aber der Herr war nicht im Feuer. Und nach dem Feuer kam ein stilles, sanftes Sausen. Als das Elia hörte, verhüllte er sein Antlitz mit seinem Mantel und ging hinaus und trat in den Eingang der Höhle." Elia hat verstanden: Die Naturgewalten ziehen vor dem Herrn her, sind aber nicht seine eigentliche Erscheinung. Und: der Prophet, der mit Feuer und Schwert für Gott kämpfen wollte, erlebt nun Gott als

sanftes stilles Sausen, wie die Stille im Auge des Orkans.

Noch einmal hört sich Gott die Klage des Elia an, die Klage, die in dem Satz gipfelte: Ich bin allein übrig geblieben. Aber nun ist Elia so weit, dass Gott mit ihm über seine Klage reden kann: *„Ich will übrig lassen siebentausend in Israel, alle Knie, die sich nicht gebeugt haben vor Baal, und jeden Mund, der ihn nicht geküsst hat."* Elia wird an seinem wundesten Punkt getroffen. Er hatte geglaubt, ohne ihn könne Gott nicht mehr weiter machen, er sei der letzte Getreue. Offenbar kennt er keinen der siebentausend, die – vielleicht heimlich – den Baalsdienst verweigert haben und weiterhin verweigern werden. Das stellt das Selbstverständnis des Elia schmerzhaft in Frage.

Und nun der letzte Schritt: Die Krise ist durchgestanden, nun darf oder muss Elia zurück in das normale Alltagsleben – sofern man bei einem Propheten von Alltag reden kann. Elia bekommt einen dreifachen Auftrag: Er soll ins feindliche Syrien gehen und dort einen neuen König salben, der später dem Königreich Israel schweren Schaden zufügen wird. Weiter soll er für das Königreich Israel, sein Heimatland, einen Gegenkönig salben, der den bisherigen König durch einen Putsch beseitigen und die königliche Familie ausrotten wird. Schließlich soll er seinen eigenen Nachfolger salben und einarbeiten, den Propheten Elisa. Dieser, und nicht etwa Elia selbst, wird die beiden Königssalbungen vornehmen. So hat Elia die Freude, dass sein Werk weitergehen wird, und den Schmerz, dass er zwei seiner wichtigsten Taten durch seinen Nachfolger ausführen lassen muss. Auf Elia selbst wartet ein neuer Konflikt mit König Ahab, als dieser seinen Grundstücksnachbarn Nabod umbringen lässt, weil dieser seinen Weinberg, sein väterliches Erbe, nicht verkaufen will.

Elias Leben endet mit einem Furioso: Ein feuriger Wagen mit feurigen Rossen kommt vom Himmel und nimmt den Propheten mit.

Auch nach der tiefsten Krise führt also der Weg in die Normalität zurück. Alles ist wie vorher, und doch ist nichts mehr wie vorher. Unser Leben wird reicher, wenn wir tief hinunter müssen und wieder heraufsteigen dürfen. Wir werden gelassener und entschlossener, nehmen das eine entschlossen in die Hand und überlassen das andere entspannt unseren Nachfolgern.

Guter und böser Geist von Gott –
König Saul und der Harfenspieler David
1. Samuel 16, 14-23

Der Geist des Herrn aber wich von Saul, und ein bö-
ser Geist vom Herrn ängstigte ihn. Da sprachen die
Großen Sauls zu ihm: Siehe, ein böser Geist von Gott
ängstigt dich. Unser Herr befehle nun seinen Knech-
ten, die vor ihm stehen, dass sie einen Mann suchen,
der auf der Harfe gut spielen kann, damit er mit sei-
ner Hand darauf spiele, wenn der böse Geist über
dich kommt, und es besser mit dir werde. Da sprach
Saul zu seinen Leuten: Seht euch um nach einem
Mann, der des Saitenspiels kundig ist, und bringt ihn
zu mir. Da antwortete einer der jungen Männer und
sprach: Ich habe gesehen einen Sohn Isais, des Bethle-
hemiters, der ist des Saitenspiels kundig, ein tapferer
Mann und tüchtig zum Kampf, verständig in seinen
Reden und schön gestaltet, und der Herr ist mit ihm.
Da sandte Saul Boten zu Isai und ließ ihm sagen:
Sende zu mir deinen Sohn David, der bei den Schafen
ist. Da nahm Isai einen Esel und Brot und einen
Schlauch Wein und ein Ziegenböcklein und sandte es
Saul durch seinen Sohn David. So kam David zu Saul
und diente ihm. Und Saul gewann ihn sehr lieb, und
er wurde sein Waffenträger. Und Saul sandte zu Isai
und ließ ihm sagen: Lass David mir dienen, denn er
hat Gnade gefunden vor meinen Augen. Sooft nun der
böse Geist von Gott über Saul kam, nahm David die
Harfe und spielte darauf mit seiner Hand. So wurde
es Saul leichter, und es ward besser mit ihm, und der
böse Geist wich von ihm.

Wunderbar erzählt, diese Geschichte! Herrlich, wie umständlich und zeremoniell an diesem orientalischen Königshof gesprochen wird! Zum Schmunzeln, wenn Isai seinen Sohn David nicht mit leeren Händen zum König ziehen lässt, sondern einen Esel mit Brot, Wein und einem Ziegenböcklein mitschickt! Beeindruckend, wie unmittelbar von Gottes Wirken erzählt wird: Gott hat einst seinen guten Geist dem König gegeben und nimmt ihn jetzt wieder zurück. Dafür schickt er einen bösen Geist, der Saul ängstigt. Zugleich sorgt er für das Heilmittel gegen diese Angst: die Musik.

Bei aller Bewunderung: So erzählen können wir Heutigen nicht mehr. Nicht weil unsere erzählerischen Fähigkeiten da an ihre Grenzen stoßen (das vielleicht auch), sondern weil wir nicht mehr so selbstverständlich von Gottes Hereinwirken in unsere Welt reden können. Wir schreiben allenfalls im Nachhinein Gott bestimmte Eingriffe in unser Leben zu. Wir teilen alle Ereignisse ein in normale, den Naturgesetzen entsprechende Vorgänge einerseits und Wunder andererseits. Von Wundern reden wir nur bei ganz wichtigen Ereignissen, etwa bei der überraschenden, spontanen Heilung einer schweren Krankheit. Mit der Frage, ob und wie Gott in gesetzmäßige Abläufe eingreift, kommen wir nicht zurecht.

Aber ließe sich die Geschichte von Saul und David nicht auch innerhalb unserer heutigen Denkkategorien nacherzählen? Da könnten wir von einem Machthaber erzählen, den das Glück verlassen hat und der sich in eine Depression flüchtet. Der König lässt sich von seinem Beraterstab dafür gewinnen, es mit einer Musiktherapie zu versuchen. Zu erzählen wäre dann von einem jungen Mann, der gut Gitarre spielt, als Soldat gut gekämpft hat und dazu auch noch gut aussieht. Diese

Erzählung wäre vielleicht spannend, aber ihr fehlte die Würze. Ohne die Erwähnung Gottes wirkt die Geschichte blass und leer.

Welche Erzählweise würde unserer heutigen Wahrnehmung von Gott entsprechen? Ich denke, es müsste ein weltliches Erzählen sein, durch das das Wirken Gottes durchscheint, ohne dass Gott regelrecht in Erscheinung tritt. Das ist bestimmt nicht einfach, aber es ist nicht unbiblisch – im Gegenteil! Die Geschichte von Saul und David stammt aus der Frühzeit der biblischen Überlieferung. Später ließ man Gott durch den Mund von Propheten sprechen, Engel übermittelten seine Befehle und führen seine Taten aus, dies alles aus Respekt vor Gott. Man wollte seinen Namen möglichst wenig gebrauchen und ihm gegenüber eine respektvolle Distanz bewahren. Wie weit das gehen konnte, zeigt das Buch Esther: Es erzählt eine lange Geschichte von Bedrohung und Bewahrung, nennt aber nicht ein einziges Mal den Namen Gottes.

In unserem alltäglichen Reden und Erzählen finden wir schon ein wenig von der Erzählweise, die wir suchen. Ein paar Beispiele:

„Es wird gesorgt" – mit diesem indirekten Reden von Gott bringt man zum Ausdruck, das wir unsere Sorgen loslassen und einer höheren Macht anvertrauen können.

„Dem/der ist es gut gegangen" – mit diesen Worten eröffneten Trauernde das Gespräch zur Vorbereitung der Bestattung. Mir war diese Redewendung nicht vertraut, und ich verstand, dem Verstorbenen sei es in seinem Leben gut gegangen. Nach und nach begriff ich, dass das heißen sollte: Dem Verstorbenen ist große Qual erspart geblieben, weil er im rechten Augenblick hat sterben dürfen. Gott hatte im rechten Moment eingegriffen.

„Mein Glaube hat mir in den schweren Zeiten sehr geholfen", so eine muslimische Frau, die als Kriegsflüchtling nach Deutschland gekommen ist. Im Grund wollte sie wohl sagen: Gott hat mir geholfen.

„Das Leben geht weiter" – dieser Satz kann sehr unterschiedlich verstanden werden. Es kann eine leere Floskel sein, bei der die Trauernden sich in ihrem Leid nicht ernstgenommen fühlen. Der Satz kann auch ein Vertrauen in die Vitalität der lebenden Natur ausdrücken – oder das Vertrauen, dass Gott noch eine Zukunft in meinem Leben bereithält.

„Mein Schutzengel hat mir beigestanden" – diese Redensart wird auch von Leuten gebraucht, denen sonst der Engelsglaube wenig bedeutet, die aber das Wirken einer höheren Macht erfahren haben.

„Das Leben ist hart" – wie oft hört man von Schwerkranken diesen, mit Bitterkeit ausgesprochenen Satz! Oft schwingt der Kummer über allzu schwere Schicksalsschläge mit, wenn jemand so sein Leben sieht. Klar ist, wer gemeint ist: Gott ist hart zu mir.

Zurück zur Erzählung von Saul und David! Wie sollen wir damit umgehen, dass hier von einem „bösen Geist vom Herrn" die Rede ist? Zum einen müssen wir klären, was es mit Geistern und Dämonen auf sich hat. Zum anderen fällt es uns schwer, das Böse so unmittelbar mit Gott in Verbindung zu bringen.

Das Thema „Dämonen" ist für die Bibel ein zentrales Thema, Jesus selbst hat es dazu gemacht. Ihm wird vorgeworfen: *„Er treibt die bösen Geister aus durch Beelzebul, ihren Obersten".* Jesus antwortet: *"Wenn ich aber durch Gottes Finger die bösen Geister aus-*

treibe, so ist ja das Reich Gottes zu euch gekommen"
(Lukas 11, 15+20). Ein großer Teil der Jesusgeschich-
ten, die wir als Wunderheilung kennen, ist als Dämo-
nenaustreibung geschildert. Allerdings ist mit Dämon
stets ein böser und nicht ein guter Geist gemeint.

Müssen wir alle Geschichten in der Bibel, in denen
von bösen Geistern die Rede ist, für unser modernes
Verständnis umformulieren und von Krankheiten des
Leibes oder der Seele sprechen? Eine andere Möglichkeit wäre, die Rede von Dämonen als kritische Anfrage
an unser eigenes Denken zu verstehen. Müssten wir
vielleicht unsere Verständnismöglichkeiten erweitern,
indem wir über das biblische Menschenbild nachdenken, das dem der ganzen Antike entspricht?

Wir sehen heute den einzelnen Menschen als ge-
schlossene Einheit, als ein geschlossenes System. Wenn
dieses System Störungen aufweist, muss das in Ordnung
gebracht werden, dazu muss man das System analysie-
ren, diagnostizieren. Nach antikem Verständnis ist der
Mensch offen für die Einwirkung guter und böser Mächte. Es kommt darauf an, welcher Geist ihn umtreibt. Der
Mensch ist fähig zur „Ek-stase", wörtlich „außer sich stehen". Wir sagen ja auch: „Ich bin außer mir" oder neuer-
dings, jemand stehe „neben sich". Wir sind fähig zum
„Enthusiasmus", wörtlich „in Gott sein". Glück bedeutet,
von einem guten Dämon besessen zu sein, „eu-daimo-
nia". Wo wir von unserem Gewissen reden, spricht der
Philosoph Sokrates von seinem inneren „daimonion", das
sich vor allem meldet, wenn Sokrates etwas Schlechtes zu
tun im Begriff ist. Versuchen wir es doch vielleicht einmal, von guten und bösen Mächten in uns und um uns zu
sprechen. Und: Wenn wir bekennen, dass alles in Gottes
Hand liegt, dann müssen wir sagen, dass auch die bösen
Geister unter Gottes Herrschaft stehen.

Kommen wir auf die Musik zu sprechen! Bei König Saul und David ist die Musik ein Mittel, böse Geister zu vertreiben. Das leuchtet ein, auch wenn wir vom modernen Weltbild aus eher von „Musiktherapie" sprechen würden. Fragen wir umgekehrt: Kann Musik auch böse Geister herbeirufen? Die Schweizer Reformatoren und ihre oberdeutschen Anhänger glaubten das offenbar. Zwingli in Zürich verbot die Orgel. Calvin in Genf ließ als Musik im Gottesdienst nur gesungene Psalm-Vertonungen zu. Beide Reformatoren fürchteten offenbar die beschwörende und betörende Kraft der Musik. Andere setzen diese Macht bewusst ein: Die tanzenden Derwische in der Türkei lassen sich von der Musik in Trance versetzen.

In der evangelischen Kirche wird immer wieder gelehrt, die Musik müsse dem Wort dienen. Das ist richtig, wenn man mit „Wort" das fleischgewordene Wort Gottes im Sinn von Joh. 1 versteht, die Menschwerdung des Sohnes in Jesus Christus. Meint man aber einfach das gesprochene Wort der Predigt und der Lehre, dann ist der Satz nicht richtig. Musik und bildende Kunst sind Ausdrucksmittel für das Erscheinen Gottes in unserer Welt, unserem Leben. Für viele Menschen sind das Hören von Orgelkonzerten oder das Meditieren in Kirchenräumen oder vor Kunstwerken authentische Gotteserfahrungen. Andere singen in Chören die großen Werke der Kirchenmusik mit und erleben Schauer und Ekstase, wenn nach langem Proben das Werk aufgeführt wird.

Vielen werden solche Erfahrungen fremd sein. Hängt das vielleicht damit zusammen, dass wir durch die Medien mit Musik und Bildern überschwemmt werden? Vielleicht ist es so, dass bei uns die ständig präsente, möglichst fröhliche Musik die bösen Geister der Schwermut, der Traurigkeit, der Langeweile und des Lebensüberdrusses unter dem Teppich halten muss. Ist die Musik aus, fallen die Dämonen über uns her.

Gilt das auch für die Musik in unseren Gottesdiensten? „Der Gottesdienst soll fröhlich sein", so beginnt eines unserer neuen Gesangbuchlieder. Da ist etwas dran. Viele unserer Gottesdienste haben etwas Schweres, Lastendes an sich, selbst wenn sie freudige Inhalte vermitteln wollen. Aber gilt auch für einen Passions-Gottesdienst, dass er fröhlich sein muss? Überhaupt müsste man fragen: Ist Fröhlichkeit nicht ein bisschen wenig, verglichen mit Freude, Begeisterung, eben Ekstase und Enthusiasmus?

Manche Menschen berichten, sie müssten in der Kirche immer weinen, wenn die Orgel anfängt zu spielen. Aber ist das schlimm? Ist solches Weinen nicht etwas Befreiendes, Lösendes? Bei uns wohl-temperierten Mitteleuropäern ist das Weinen in Anwesenheit anderer peinlich – wie dumm! In den russisch-orthodoxen Kirchen gehört es dazu, dass man weint, wenn in der göttlichen Liturgie der Engelsgesang erklingt. Wer da nicht weint, so sagt man, der war gar nicht richtig in der Kirche.

Wir Menschen sind offene Wesen, die ständig von guten oder bösen Mächten besetzt werden. Doch sind wir „von guten Mächten treu und still umgeben", so Dietrich Bonhoeffer. So können wir im Vertrauen auf Gottes Heiligen Geist den Kampf des Lebens führen. Dieses Leben ist der Kampfplatz zwischen guten und bösen Geistern, und zugleich sind wir Partei in diesem Kampf, wir wollen den Kampf ja gewinnen. Gott hat am Kreuz und in der Auferstehung Jesu den Kampf schon entschieden. Bis zum Ziel durchkämpfen müssen wir uns noch. Das gibt unserem Leben seine einzigartige Würde.

Zum Thema: Eifer und Leidenschaft

Saul, der erste König von Israel, ist auf die dunkle Seite Gottes hinüber geraten. Auf die Erwählung folgt die Verwerfung, so ungeheuerlich das klingt.

Erst im Exil in Babylon erhält Israel die Zusage, dass Gott seine „Jugendliebe", sein erwähltes Volk künftig nicht mehr verwerfen wird.

„Ich habe geeifert für den Herrn", so schildert Elia seine Lebensleistung im Rückblick. Elia beklagt sich bei Gott, dass sein Eifer nicht honoriert worden ist.

Ist Gott ein „eifriger", „eifernder" oder gar „eifersüchtiger" Gott? So jedenfalls charakterisiert sich Gott selbst im vollständigen Wortlaut der Zehn Gebote (2. Mose 20).

Auf jeden Fall ist er ein leidenschaftlicher Liebhaber; in Jesaja 54 spricht er von der Liebe zu der „Frau seiner Jugend", die er verstoßen hatte und nun wieder in seinen Bund aufnimmt.

„Wie könnte sie verstoßen bleiben!"
Jesaja 54, 4-10

Fürchte dich nicht, denn du sollst nicht zuschanden werden; schäme dich nicht, denn du sollst nicht zum Spott werden, sondern du wirst die Schande deiner Jugend vergessen und der Schmach deiner Witwenschaft nicht mehr gedenken. Denn der dich gemacht hat, ist dein Mann – Herr Zebaoth heißt sein Name -, und dein Erlöser ist der Heilige Israels, der aller Welt Gott genannt wird. Denn der Herr hat dich zu sich gerufen wie ein verlassenes und von Herzen betrübtes Weib; und das Weib der Jugendzeit, wie könnte es verstoßen bleiben! spricht dein Gott. Ich habe dich einen kleinen Augenblick verlassen, aber mit großer Barmherzigkeit will ich dich sammeln. Ich habe mein Angesicht im Augenblick des Zorns ein wenig vor dir verborgen, aber mit ewiger Gnade will ich mich deiner erbarmen, spricht der Herr, dein Erlöser. Ich halte es wie zur Zeit Noahs, als ich schwor, dass die Wasser Noahs nicht mehr über die Erde gehen sollten. So habe ich geschworen, dass ich nicht mehr über dich zürnen und dich nicht mehr schelten will. Denn es sollen wohl Berge weichen und Hügel hinfallen, aber meine Gnade soll nicht von dir weichen, und der Bund meines Friedens soll nicht hinfallen, spricht der Herr, dein Erbarmer.

Ein gewaltiges Trostwort, dieser Schluss! Großartig, dass Gott auch erwähnt, dass er uns eine Zeitlang verlassen, sein Angesicht verborgen hat! Wunderbar, dass er uns versichert, künftig werde er uns nicht mehr verlassen!

Diese großartigen Worte bekommen noch mehr Farbe, wenn man den Text von hinten nach vorne liest: *„Der Herr hat dich zu sich gerufen wie ein verlassenes und von Herzen betrübtes Weib; und das Weib der Jugendzeit, wie könnte es verstoßen bleiben!"* Da erklärt ein Mann, dass er die Verstoßung seiner Frau rückgängig macht. Da ist also große Liebe im Spiel. Die große erste Liebe der Jugendzeit ist nicht vergangen, dieser Mann trägt sie sein Leben lang in sich. Die Frau ist ihm untreu geworden, und aus gekränkter Liebe hat er sie verstoßen. Er konnte ihre Untreue nicht ertragen, hat sie im Zorn verstoßen und damit ins Elend gestürzt. Nun kann er dieses Elend nicht mehr mit ansehen und ruft sie zurück in ihre Ehe.

Gott und Israel – das ist das Paar, von dem hier die Rede ist. Der Vergleich mit einem Paar ist freilich nur dann leicht verständlich, wenn man sich dabei, so wie es damals war, einen mächtigen Mann und eine schwächere Frau vorstellt. Das Volk Israel, die Nachfahren der Erzväter Abraham, Isaak und Jakob (auch genannt Israel) waren in Ägypten zu Sklavenarbeitern geworden. Der „Heilige Israels" hat sie durch Mose aus Ägypten herausgeholt und in die Wüste geführt. Dort will er sie ganz für sich haben und schließt mit ihr die Ehe. Er stiftet den „Bund" und regelt durch die Tora das gemeinsame Leben. Die zwei sind ein ungleiches Paar: Gott und Israel schließen nicht gemeinsam einen Bund, sondern Gott stiftet den Bund, gibt ihn durch Mose bekannt, und Israel sagt Ja dazu.

Die ersten Ehejahre verlaufen stürmisch. Der Mann liebt seine Frau abgöttisch. Er mutet ihr die Wüste als Lebensort zu und möchte, dass sie ihm ganz vertraut. Er lässt Manna regnen und Wasser aus dem Stein fließen. Aber sie murrt ständig: Das Manna schmeckt nicht, sie will zurück in die im Nachhinein verklärte Sklaverei; dort sei die Verpflegung viel besser gewesen (sie spricht von den „Fleischtöpfen Ägyptens"). Sie macht sich ein goldenes Stierbild und betet es an. Gott wird wütend, möchte sie am liebsten umbringen und sich eine neue Frau nehmen, ein neues Volk erschaffen. Er spricht zu Mose: *„Lass mich, dass mein Zorn über sie entbrenne und sie vertilge; dafür will ich dich zum großen Volk machen"* (2. Mose 32, 10). Mose bittet für das Volk und macht Gott darauf aufmerksam, dass seine Glaubwürdigkeit auf dem Spiel steht, wenn er das Volk vernichtet, dem er so viel versprochen hat. *„Da gereute den Herrn das Unheil, das er ihm zugedacht hatte"* (2. Mose 32, 14).

Endlich kommt Israel in das gelobte Land, und dort wird hoffentlich alles besser, denn da „fließen Milch und Honig". Hier im Wohlstand wird alles einfacher werden. Aber das Gegenteil tritt ein: Die junge Frau lässt sich blenden von den feierlichen Riten der Fruchtbarkeitsgötter, den Baalen und Astarten. Sie möchte einen König haben wie die Nachbarvölker auch. Sie versteht nicht, dass ihr Mann keine anderen neben sich dulden will, die Nachbarn haben doch auch viele Götter. Immer wieder schickt er Propheten, um sie zurückzurufen in die Ehe, aber sie will sie nicht hören. Schließlich schlägt seine leidenschaftliche Liebe um in brennenden Zorn; er nimmt ihr das Land und das Heiligtum weg und jagt sie nach Babylonien ins Elend. Sie muss sich als Dienstmagd verkaufen, ist als verstoßene Ehefrau einer Witwe gleichgestellt, die sich wegen ihrer Armut schämt. Sie wird kinderlos sterben, d.h. das Volk Israel wird verschwinden, aufgehen in dem Völkergemisch des babylonischen Reiches. Schließlich haben sich ja die Götter Babylons als die

Stärkeren erwiesen, haben prächtige Tempel und eindrucksvolle Feiern – und Israels Gott hat ja sein Volk im Stich gelassen.

Gerade dorthin, nach Babylon, schickt Gott einen Boten, den namenlosen Propheten, den wir Deutero-Jesaja nennen, weil seine Worte im Anschluss an das Prophetenbuch Jesaja überliefert sind. Der überbringt die Botschaft: *„Fürchte dich nicht [...], denn der dich gemacht hat, ist dein Mann – Herr Zebaoth heißt sein Name – und dein Erlöser ist der Heilige Israels, der aller Welt Gott genannt wird."* Sie hat ihren Mann wieder, und doch ist alles anders als früher: Er, den sie als ihren Gott kannte, heißt jetzt „Herr der himmlischen Heerscharen"; der „Heilige Israels", der sie aus der Schuldknechtschaft freikauft, wird jetzt „aller Welt Gott" genannt. Aus dem anscheinend auf ein Volk begrenzten Gott ist jetzt der universale Gott geworden. Menschlich gesprochen: Aus dem jugendlichen Liebhaber ist ein erwachsener Mann geworden. Und der ist jetzt ganz ihr Mann, ihr Erlöser. Seine Liebe ist stärker geblieben als sein Zorn. Vielleicht kann man auch sagen: Seine Liebe ist reifer geworden. Die leidenschaftliche, ein wenig eifersüchtige Liebe des jungen Mannes hat sich gewandelt zur reifen Liebe eines erwachsenen Mannes, der mit den Unzulänglichkeiten seiner Frau leben kann. Das bedeutet nicht, dass ihm fortan das Verhalten seiner Frau gleichgültig wäre. Seine Liebe ist nicht erkaltet, sie hatte sich in leidenschaftlichen Zorn verwandelt. Nun ist es ein aus der Tiefe, aus dem Bauch kommendes Erbarmen, eine Liebe, die sich mit Großmut verbindet.

Der Mann ist sich seiner beständigen Liebe so sicher, dass er etwas riskiert, was angesichts der Untreue seiner Frau unsinnig erscheinen muss: Er verzichtet auf sein ihm zustehendes Recht, die Frau erneut zu verstoßen. Hat er denn nicht aus der Erfahrung gelernt? Doch! Aber er hat etwas anderes daraus gelernt, als man erwarten würde: Seine beständige Liebe soll die Beständigkeit des Bundes garantieren. Er übernimmt die Verantwortung auch für künftiges Verschulden seiner geliebten Frau.

Geschichtlich bedeutet die Rücknahme der Verstoßung: Das Volk kehrt in sein angestammtes Land zurück, freilich unter persischer Oberhoheit. Einige bleiben in Babylon zurück, damit beginnt die weltweite Ausbreitung des Judentums in der „Diaspora" (Zerstreuung).

Damit ist die von Deutero-Jesaja erzählte Geschichte eigentlich zu Ende. „Der Vorhang zu – und alle Fragen offen." Die beiden Hauptfragen werden lauten: 1.) Wie sieht unsere Beziehungsgeschichte mit Gott aus? 2.) Hat Gott, einst jugendlicher Liebhaber, später reifer Mann, eine Biographie wie ein Mensch?

Zur ersten Frage: Ob wir unsere Geschichte mit Gott auch als eine Beziehungs- und Liebesgeschichte erzählen können? Manches wird uns jedenfalls bekannt vorkommen.

Da gibt es zunächst den einfachen Kinderglauben: Gott meint es gut mit mir wie Papa und Mama, die wir manchmal liebevoll zugewandt, manchmal streng und manchmal abwesend erleben.

Dann gibt es die jugendliche Begeisterung für den Glauben, die Gott alles zutraut und von Gott alles fordert. Allzu leicht schlägt diese Begeisterung in Enttäuschung um, wenn Gott uns wichtige Wünsche nicht erfüllt. Oder die Beziehung zu Gott schläft ein. Sie ist ein erloschenes Feuer. „Gott ist tot", „Der christliche Gott ist unglaubwürdig geworden" – so wird diese Enttäuschung nüchtern bilanziert.

Viele Menschen bringen ins Erwachsenenalter eine mit Fragen und Zweifeln behaftete Beziehung zu Gott mit. Ohnehin bleibt wenig Zeit für die Pflege dieser Beziehung; Familie, Beruf, Freizeitgestaltung füllen das Leben aus. Doch manchmal werden wir plötzlich aufgeweckt. Ein Unglücksfall, eine berufliche Krise oder Schwierigkeiten in der Partnerschaft oder mit den Kindern stellen uns vor die Frage: Warum tut Gott gerade uns das an? Wir stehen vor der Entscheidung, den Glauben an Gott ganz fallen zu lassen oder neu damit zu beginnen.

Im Alter entscheidet sich: Entweder wir werden bitter, hadern mit dem Schicksal, mit der Welt, mit Gott. Oder wir finden den Frieden Gottes, versöhnen uns mit Gott und mit den Menschen, die in unserem Leben wichtig waren – auch wenn diese Menschen uns schon im Tod vorangegangen sind.

Zur zweiten Frage: Was bedeutet es, wenn man von Gott als einem jugendlichen Liebhaber und einem erwachsenen Mann spricht? Entwickelt sich Gott weiter? Folgt auch bei ihm auf das Erwachsensein das Alter? Hat er eine Lebensgeschichte wie wir Menschen auch? Der amerikanische Theologe Jack Miles hat in seinem Buch „Gott. Eine Biographie" die Lebensgeschichte Gottes in allen Phasen beschrieben, indem er der Hebräischen Bibel entlanggeht. Dort stehen, anders als bei uns, die Weisheitsbücher am Schluss – Gottes Altersweisheit!

Ein kluger Unternehmer übergibt rechtzeitig seinen Betrieb in jüngere Hände. Hat Gott zugunsten der

Menschen abgedankt? So drückt es kaum jemand aus, aber die moderne Menschheit lebt so, als gäbe es keinen Gott. In unseren Tagen setzen sich Spitzen-Wissenschaftler erbittert zur Wehr, wenn sie irgendwelche Einschränkungen ihres Tuns akzeptieren sollen, die sich aus dem Bereich der religiösen und humanen Werte ergeben. Es gibt einen neuen Atheismus, der jeden Schöpfungsglauben als sachfremde Einmischung brandmarkt. Es gibt eine neue Intoleranz, die mit dem Verweis auf einen übertriebenen Kreationismus es ablehnt, von der biblischen Schöpfungsgeschichte als einem Deutungsangebot für die Welt überhaupt Kenntnis zu nehmen. Das Zeitalter der großen Physiker des 20. Jahrhunderts, die wie Albert Einstein oder Carl Friedrich von Weizsäcker Glaube und Wissen auf hohem geistigen Niveau zu verbinden wussten, scheint leider vorbei zu sein.

Gott ist gestorben, Gott ist tot – das war vor allem Friedrich Nietzsches Botschaft. Der Tod Gottes war für ihn ein so schwerwiegendes Ereignis, dass die Welt daraufhin ins Nichts abstürzte. Im letzten Jahrhundert hat sich eine "Theologie nach dem Tod Gottes" entwickelt, in der Erfahrungen der Abwesenheit Gottes und die Mündigkeit des Menschen eine Rolle spielten. Der Theologe Jürgen Moltmann greift die Parole „Gott ist tot" anders auf: Gott stirbt in Christus am Kreuz und ersteht mit Christus wieder auf. Sterben und Auferstehen sind also ein Ausdruck des Lebendigkeit Gottes.

Leben heißt jung oder alt sein, Geborenwerden und Sterben. Wie kann man vor diesem Horizont vom „lebendigen Gott" sprechen? Die Bibel tastet sich vorsichtig an das Thema heran, interessanterweise im Übergang vom Alten zum Neuen Testament. Im Buch Daniel, einer der späten Schriften des Alten Testaments, heißt es im Bericht von einer Vision:

„Und ich sah, wie Throne aufgestellt wurden, und einer, der uralt war, setzte sich. Sein Kleid war weiß wie Schnee und das Haar auf seinem Haupt rein wie Wolle; Feuerflammen waren sein Thron und dessen Räder loderndes Feuer [...] und siehe, es kam einer mit den Wolken des Himmels, wie eines Menschen Sohn und gelangte zu dem, der uralt war, und wurde vor ihn gebracht. Der gab ihm Macht, Ehre und Reich, dass ihm alle Völker und Leute aus so vielen verschiedenen Sprachen dienen sollten. Seine Macht ist ewig und vergeht nicht, und sein Reich hat kein Ende" (Daniel 7, 9 -14).

Das Buch Daniel stammt aus dem 2. Jahrhundert vor Christus. Gott umfasst hier alt und jung, christlich gelesen Vater und Sohn. Man müsste nur noch den Namen „Jesus Christus" einsetzen und hätte damit ein Bekenntnis zu dem Gottessohn, der „mit dem Vater lebt und regiert in der Einheit des Heiligen Geistes, ein Gott in Ewigkeit", so die traditionelle Schlussformel der Kirchengebete in der christlichen Kirche. Freilich: Man kann Daniel 7 so im Licht Jesu Christi lesen, muss es aber nicht.

Auch das Neue Testament spricht von einer Ehe zwischen Gott und seinem Volk. Da ist Christus der himmlische Bräutigam, er kommt auf die Braut zu, und sie geht ihm entgegen. Der Epheser-Brief schreibt im Bezug auf die Ehe: *„Das Geheimnis ist groß; ich deute es aber auf Christus und die Gemeinde"* (Epheser 5, 32).

Paulus charakterisiert seine Tätigkeit in Korinth als Ehe-Anbahnung: *„Ich eifere um euch mit göttlichem*

Eifer; denn ich habe euch verlobt mit einem einzigen Mann, damit ich Christus eine reine Jungfrau zuführte" (2. Kor. 11,2). Auf den letzten Blättern der Bibel lesen wir vom himmlischen Jerusalem, das die Gemeinde der Glaubenden darstellt: *„Ich sah die heilige Stadt, das neue Jerusalem, von Gott aus dem Himmel herabkommen, bereitet wie eine geschmückte Braut für ihren Mann"* (Offenbarung 21, 2).

„Sind wir die Brautgemeinde?", so fragten sich selbstkritische Pietisten im 18. und 19. Jahrhundert. Sind wir in unserer Liebe zu Gott leidenschaftlich und treu? Oder versuchen wir doch ein Leben lang, zwei Herren zu dienen, nämlich Gott und dem Mammon? Leben wir als Christen so, dass Gottes Licht aus uns leuchten kann? Nehmen wir diese Fragen mit in unser Denken und Reden über uns selbst und die Kirche!

„Ich bin der Herr dein Arzt"
Markus 7, 31 - 37 und Sirach 38, 1 - 15

Und als er wieder fort ging aus dem Gebiet von Tyrus, kam er durch Sidon an das Galiläische Meer, mitten in das Gebiet der Zehn Städte. Und sie brachten zu ihm einen, der taub und stumm war, und baten ihn, dass er die Hand auf ihn lege. Und er nahm ihn aus der Menge beiseite und legte ihm die Finger in die Ohren und berührte seine Zunge mit Speichel und sah auf zum Himmel und seufzte und sprach zu ihm: Hefata!, das heißt: Tu dich auf! Und sogleich taten sich seine Ohren auf, und die Fessel seiner Zunge löste sich, und er redete richtig. Und er gebot ihnen, sie sollten's niemandem sagen. Je mehr er's aber verbot, desto mehr breiteten sie es aus. Und sie wunderten sich über die Maßen und sprachen: Er hat alles wohl gemacht; die Tauben macht er hörend und die Sprachlosen redend.

„Jesus ist mein Arzt" – kaum ein Christ würde so antworten auf die Frage, welche Bedeutung Jesus für ihn hat. Eher würde man sagen: mein Herr, mein Heiland, mein Lehrer. Und doch schildern die Evangelien Jesus als Heiler, als Arzt.

Wie sieht es aus, wenn Jesus heilt? Hier die Geschichte von der Heilung eines Taubstummen:
„Sie brachten ihm einen, der taub und stumm war, und baten ihn, dass er die Hand auf ihn lege." Die Menge wollte dem Behinderten helfen, aber sie wollte auch eine Sensation erleben. Jesus enttäuscht diese Erwartung. Er handelt nicht wie ein Wunderheiler, der ein Publikum braucht, sondern er handelt wie ein guter Arzt.

„*Und er nahm ihn aus der Menge beiseite.*" Jesus möchte dem Taubstummen Auge in Auge gegenübertreten, ohne Zeugen und Zuschauer – wie ein Arzt die Tür des Behandlungszimmers schließt und dann das persönliche Gespräch beginnt.

„*Er legte ihm die Finger in die Ohren und berührte seine Zunge mit Speichel.*" Jesus spricht kein Zauberwort, er behandelt den Kranken wie ein Arzt. Die körperliche Berührung ermöglicht es, dass Kraft fließt und Blockaden gelöst werden.

„*Er sah auf zum Himmel und seufzte.*" In diesem Seufzen bringt Jesus die ganze Not des Kranken vor Gott und ruft die heilende Kraft Gottes herab – wie dies ein gläubiger Arzt auch tun könnte, stellvertretend für den Patienten.

„*Jesus sprach zu ihm: Hefata!, das heißt: Tu dich auf. Und zugleich taten sich seine Ohren auf, und die Fessel seiner Zunge löste sich, und er redete richtig.*" Jesus befiehlt in göttlicher Vollmacht, dass die Hindernisse weichen, damit das Leben wieder frei strömen kann und das Abgestorbene wieder lebendig wird.

„*Und er gebot ihnen, sie sollten es niemandem sagen*". Der Geheilte und sein Helfer sollen vor der Öffentlichkeit geschützt werden. Aber daraus wird nichts, dafür ist diese Heilung zu wunderbar, erregt zu viel Staunen.

„Warum hat Jesus nicht viel mehr Kranke gesund gemacht? Er brauchte doch nur ein Wort zu sprechen" – so fragte mich einmal eine junge Frau bei einer Bibelarbeit. Die Antwort: Jesus wollte seine Vollmacht in einer menschlichen Form ausüben, eben in der Form der ärztlichen Tätigkeit, damit Menschen wie wir in seine Fußstapfen treten können.

Lob des Arztes

Ein zweiter Blick in die Bibel, in das Alte Testament: *„Ich bin der Herr, dein Arzt"*, so lesen wir in 2. Mose 15, 26. Ich verstehe diese Zusage so, dass er uns Ärzte gibt und durch sie wirkt. Wir lesen dazu aus dem Buch Jesus Sirach Kap. 38, 1-15:

Ehre den Arzt mit gebührender Verehrung, damit du ihn hast, wenn du ihn brauchst; denn der Herr hat ihn geschaffen, und die Heilung kommt von dem Höchsten, und Könige ehren ihn mit Geschenken. Die Kunst des Arztes erhöht ihn und macht ihn groß bei Fürsten und Herren. Der Herr lässt die Arznei aus der Erde wachsen, und ein Vernünftiger verachtet sie nicht. Wurde nicht das bittere Wasser süß durch Holz, damit man seine Kraft erkennen sollte? Und er hat solche Kunst den Menschen gegeben, um sich herrlich zu erweisen durch seine wunderbaren Mittel. Damit heilt er und vertreibt die Schmerzen, und der Apotheker macht Arznei daraus, damit Gottes Werke kein Ende nehmen und es Heilung durch ihn auf Erden gibt. Mein Kind, wenn du krank bist, so missachte dies nicht; sondern bitte den Herrn, dann wird er dich gesund machen. Lass ab von der Sünde und handle rechtschaffen und reinige dein Herz von aller Missetat. Opfre lieblichen Geruch und feinstes Mehl zum Gedenkopfer, und gib ein fettes Opfer, als müsstest du sterben. Danach lass den Arzt zu dir, denn der Herr hat ihn geschaffen; und weise ihn nicht von dir, denn du brauchst auch ihn. Es kann die Stunde kommen, in der dem Kranken allein durch die Hand der Ärzte geholfen wird; denn auch sie werden den Herrn bitten, dass er's ihnen gelingen lässt, damit es sich mit ihm bessert und er gesund wird und wieder für sich sorgen kann. *Wer vor seinem Schöpfer sündigt, der soll dem Arzt in die Hände fallen!*

„Ehre den Arzt, denn der Herr hat ihn geschaffen, und die Heilung kommt von dem Höchsten." Der Arzt empfängt Gottes heilende Kraft und gibt sie weiter an die Menschen. In Gottes heilenden Gaben enthüllt sich der ganze Reichtum des dreieinigen Gottes, des Schöpfers, des Erlösers und des Vollenders.

Gott, der Schöpfer

Gott schafft die Natur und wirkt in ihr. Er hat unserem Körper die Kraft der Selbst-Heilung mitgegeben. Ob wir uns verletzen, einen Knochen brechen oder ein Geschwür herausoperieren lassen – wir können die Wunde nur versorgen, heilen muss es „von selbst". Und: *„Der Herr lässt die Arznei aus der Erde wachsen [...] und der Apotheker macht Arznei daraus".* Auch die raffiniertesten chemischen Medikamente sind nichts anderes als eine Fortentwicklung der natürlichen Heilmittel.

Zur Schöpfung gehört, dass ich als Mensch nicht alleine lebe, sondern in ein menschliches Umfeld hineingeboren bin und mein Leben lang darin sein werde. Je nachdem, ob ich alleine lebe oder in einer Familie, ob ich einen Freundes- und Bekanntenkreis habe oder nicht, hat ein und dieselbe Krankheit einen ganz anderen Stellenwert für mein Leben.

Zur Schöpfung gehört schließlich, dass ich vergänglich bin. Auch der beste Arzt muss sich damit abfinden, dass mein Leben von Anfang an auf das Ende zuläuft. „Von Erde bist du genommen, zu Erde sollst du wieder werden" (Genesis 3). Viele Ärzte erleben es als Kränkung, wenn ihnen ein Patient stirbt. In Wahrheit ist es die Aufgabe des Arztes, den Kranken auf der letzten Wegstrecke zu begleiten und gegebenenfalls seine Schmerzen zu lindern, ohne sein Leben sinnlos zu verlängern.

Gott, der Erlöser

„Lass ab von der Sünde und handle rechtschaffen und reinige dein Herz von aller Missetat." – so lesen wir bei Jesus Sirach. Das wirft die heikle Frage nach der Beziehung zwischen Schuld und Krankheit auf.

„Womit habe ich das verdient?", so fragen die meisten Menschen, wenn sie eine schwere Krankheit trifft. Suchen wir nicht nach raschen Antworten, hören wir erst auf den Ton, in dem diese Frage gestellt wird! Am häufigsten spricht aus dieser Frage die unausgesprochene Überzeugung: Es hat in meinem Leben keine schwere Schuld gegeben, ich habe diese Krankheit also nicht verdient. Andere stellen die Frage vorsichtiger, sie gehen – vielleicht in langen, schlaflosen Nächten – ihr bisheriges Leben durch, stoßen dabei auf Fehlentwicklungen in ihrem Leben, machen sich Vorwürfe: Ich habe mich als Mann in meinem Beruf verausgabt und Frau und Kinder vernachlässigt; ich habe als Mutter meine Kinder falsch erzogen; wenn ich da nur noch einmal von vorne anfangen könnte! Ich habe mich ganz dem Sport gewidmet und dadurch schon als junger Mensch den Kontakt zu Gott verloren; jetzt auf dem Krankenbett finde ich keine Worte, wenn ich mit ihm reden will. Viele Kranke sind erleichtert, wenn sie einen solchen „Grund" für ihre Krankheit gefunden haben. Sie können dann ihre Krankheit in ihren Lebenszusammenhang einordnen, besser mit ihr umgehen. Manche machen sich klar, dass sie durch ungesundes Verhalten selbst zu ihrer Erkrankung beigetragen haben.

Aus vielen Texten des Alten Testaments spricht die Überzeugung, dass Gott unsere Schuld vergilt, durch Krankheit oder andere Strafen. Im Buch Hiob wird diese Ansicht auf die Probe gestellt und verworfen. Die Freunde Hiobs wollen ihn nach Schuld in seinem Leben suchen lassen und werden von Gott beschämt; er allein weiß, warum er etwas tut.

Die tiefe Demut, alles in Gottes Hand zurückzulegen und ihn walten zu lassen, erreichen viele Christen nicht. „Mir geht es, wie ich es verdiene – schlecht". So hörte ich einmal einen alten frommen Mann sagen. Er erklärte sich selbst zum großen Sünder und konnte so den Zusammenhang zwischen menschlicher Schuld und göttlicher Strafe aufrechterhalten. „Frag' dich, wo du gesündigt hast!" – mit dieser Aufforderung quälte man eine jüngere Frau nach einem Schlaganfall.

Das Denken in Zusammenhängen von Schuld und Strafe sitzt offenbar tief. Und doch ist es vom Neuen Testament her überholt. Christus hat für unsere Schuld gelitten und ist gestorben, damit wir unser ganzes Leben unter das Vorzeichen der Vergebung stellen. Gottes Gerechtigkeit in ihrer höchsten Form besteht nicht darin, dass er über uns richtet, sondern dass er uns aus Gnade gerecht macht. Anderen zu vergeben ist freilich oft schon schwer genug, eigne Schuld einzugestehen und sie sich vergeben zu lassen ist noch schwieriger. Doch brauchen viele Menschen diese innere Vergebung, um wieder gesund werden zu können. *„Da wir nun gerecht geworden sind durch den Glau-*

ben, haben wir Frieden mit Gott durch unsern Herrn Jesus Christus" (Römer 5,1). Diesen Frieden gilt es anzunehmen und umzusetzen. Damit tut sich die Möglichkeit auf, auch unser Leiden in unseren Glaubensweg einzubeziehen. Der Text Römer 5 geht weiter: *"Durch ihn [Jesus Christus] haben wir auch den Zugang im Glauben zu dieser Gnade, in der wir stehen, und rühmen uns der Hoffnung der zukünftigen Herrlichkeit, die Gott geben wird. Nicht allein aber das, sondern wir rühmen uns auch der Bedrängnisse, weil wir wissen, dass Bedrängnis Geduld bringt, Geduld aber Bewährung, Bewährung aber Hoffnung, Hoffnung aber lässt nicht zuschanden werden; denn die Liebe Gottes ist ausgegossen in unsre Herzen durch den Heiligen Geist, der uns gegeben ist"* (Römer 5, 2-5).

Gottes Vergebung annehmen heißt, auf jede Art des Recht Habens gegenüber Gott zu verzichten. „Warum gerade ich?", „Womit habe ich das verdient?" – solche Fragen sind menschlich verständlich, man sollte sie auch nicht leichthin vom Tisch wischen. Aber wir sollten, vor allem wenn wir gerade nicht in einer kritischen Situation sind, uns auf Gottes freie Gnade besinnen und versuchen, unser Geschick aus Gottes Hand anzunehmen. Wenn uns das nicht gelingen will, müssen wir mit uns Geduld haben und mit denen, die diesen Frieden für sich noch nicht gefunden haben. Es kommt auch vor, dass jemand an einem guten Tag diesen Frieden hat und dann an einem schweren Tag wieder in tiefe Anfechtungen gerät.

Gott, der Vollender

Gott der Heilige Geist wohnt in unserer Seele und unserem Körper. Er lässt in uns den Glauben reifen und schenkt uns immer wieder neue Anfänge.

Auch und gerade eine schwere Krankheit kann einen solchen neuen Anfang bedeuten. Wer einmal Krebs oder einen Herzinfarkt gehabt hat, ist nicht mehr derselbe Mensch wie vorher. Er wird über vieles nachdenken, vieles anders sehen lernen, sein Verhältnis zu seinen Mitmenschen überprüfen, ebenso seine beruflichen und privaten Pläne. Kurz, er wird reifer geworden sein.

Es ist ein besonderer Augenblick, wenn mir klar wird: Diese Krankheit wird meine letzte sein, an ihr werde ich sterben. Ich werde Zeit brauchen, um diese Einsicht anzunehmen, werde mich dagegen auflehnen, dann vielleicht einfach fallen lassen, bis mir klar wird: Die verbleibende Zeit, seien es nun Wochen, Monate oder Jahre, ist kostbar, sie hat ein ganz besonderes Gewicht. Wie gut, wenn der Arzt offen und gelassen darüber spricht und ich dann mit den Meinen genauso offen sprechen kann. Meist ist ja der Kranke mit dieser Einsicht weiter als seine Angehörigen. Er hat sein Geschick schon angenommen, während seine Umgebung verkrampften Optimismus verbreitet. Ein ehrliches Gespräch tut weh, aber es eröffnet auch die Chance, die verbleibende Zeit intensiv zu erleben und dann in Frieden hinüber zu gehen in die Ewigkeit.

Jesus ist unser guter Arzt. Er begleitet uns durchs Leben mit all seinen Höhen und Tiefen. Gottes helfende Kraft fließt in unser Leben, gerade auch durch die Hände der Ärzte, Apotheker, Therapeuten. Gott schenkt uns Frieden mit ihm, unseren Nächsten und uns selber.

Liebe aus dem Bauch heraus
- der barmherzige Samariter
Lukas 10, 25 - 37

Und siehe, da stand ein Schriftgelehrter auf, versuchte ihn und sprach: Meister, was muss ich tun, dass ich das ewige Leben ererbe? Er aber sprach zu ihm: Was steht im Gesetz geschrieben? Was liest du? Er antwortete: Du sollst den Herrn, deinen Gott, lieben von ganzem Herzen, von ganzer Seele, von allen Kräften und von ganzem Gemüt, und deinen Nächsten wie dich selbst (5. Mose 6, 5; 3. Mose 19, 18). Er aber sprach zu ihm: Du hast recht geantwortet; tu das, so wirst du leben.

Er aber wollte sich selbst rechtfertigen und sprach zu Jesus: Wer ist denn mein Nächster? Da antwortete Jesus und sprach: Es war ein Mensch, der ging von Jerusalem hinab nach Jericho und fiel unter die Räuber; die zogen ihn aus und schlugen ihn und machten sich davon und ließen ihn halbtot liegen. Es traf sich aber, dass ein Priester dieselbe Straße hinab zog; als er ihn sah, ging er vorüber. Desgleichen auch ein Levit: als er zu der Stelle kam und ihn sah, ging er vorüber. Ein Samariter aber, der auf der Reise war, kam hin; und als er ihn sah, jammerte er ihn; und er ging zu ihm, goss Öl und Wein auf seine Wunden und verband sie ihm, hob ihn auf sein Tier und brachte ihn in eine Herberge und pflegte ihn. Am nächsten Tag zog er zwei Silbergroschen heraus, gab sie dem Wirt und sprach: Pflege ihn; und wenn du mehr ausgibst, will ich dir's bezahlen, wenn ich wiederkomme. Wer von diesen dreien, meinst du, ist der Nächste gewesen dem, der unter die Räuber gefallen ist? Er sprach: Der die Barmherzigkeit an ihm tat. Da sprach Jesus zu ihm: So gehe hin und tu desgleichen!

„Als er ihn sah, jammerte er ihn", das ist der Kernsatz dieser Erzählung. Aus diesem spontanen Mitleid ergibt sich alles Übrige: Der Samariter leistet erste Hilfe, führt den Krankentransport durch, regelt die stationäre Unterbringung und Pflege und sagt die Kostenübernahme zu. Ich wähle mit Bedacht diese Wörter, mit denen wir heute diese Dienstleistungen benennen, um uns die Größe dieser Wohltat bewusst zu machen.

„Als er ihn sah, jammerte er ihn" – diese spontane Reaktion war offenbar stärker als alle Vernunftgründe. Bei näherem Nachdenken gab es ja genug Gründe, schnell weiterzugehen: Ist es nicht gefährlich, hier länger zu verweilen? Die Räuber könnten ja noch in der Nähe sein und neuen Opfern auflauern – da ist man doch als Einzelner hilflos ausgeliefert. Und – habe ich überhaupt die nötigen Kenntnisse, um einen Verletzten zu versorgen und fachgerecht zu transportieren?

„Als er ihn sah, jammerte er ihn" – diese spontane Reaktion kommt offensichtlich nicht aus dem Kopf. Im Kopf überwiegen die vernünftigen Bedenken. Wir würden vielleicht sagen: Diese spontane Reaktion kommt aus einem guten Herzen. Eine solche Ausdrucksweise wäre sicher nicht falsch. Aber in unserem Text – und in vielen anderen Bibelstellen – steht in der biblischen Sprache ein Ausdruck, der von „Eingeweiden" abgeleitet ist. Erbarmen kommt also aus den Tiefen unseres Innersten. Heute in der Alltagssprache würden wir sagen: Der Samariter hat aus dem Bauch heraus entschieden.

Ein Priester und ein Levit sind vorher vorbeigekommen. Sie sind zweifellos auf dem Weg zu ihrem einmonatigen Dienst am Tempel in Jerusalem. Ich bin ja selber Pfarrer, also ein entfernter Kollege der beiden, und es gibt mir noch heute einen Stich, dass Jesus in dieser von ihm erfundenen Geschichte die beiden negativen Rollen mit Priester und Levit besetzt und die positive Rolle mit einem Bürger des verfeindeten Nachbarlandes Samaria. Nun, ich will mir diesen Schuh anziehen und mich fragen lassen: Lasse ich mein Innerstes sprechen, wenn mir mitten in meinem ausgefüllten Alltag signalisiert wird, dass ich jetzt da und da gebraucht werde? Ist mein Innerstes empfänglich für die Menschen, denen ich begegne? Steigen nicht aus meinem Innersten böse Gedanken auf, Ärger und Missmut? Und wie geschickt verstecke ich diese Empfindungen hinter tausend Vernunftgründen!

Von der Mitte des Textes, dem Gleichnis vom barmherzigen Samariter, sind wir ausgegangen. Jetzt richten wir den Blick auf den Anfang. Das Gleichnis hat ja eine Vorgeschichte, einen Anlass. Da lässt sich der Rabbi Jesus, wie im Judentum üblich, von anderen Rabbiner-Kollegen in ein Gespräch ziehen und damit zugleich auf die Probe stellen: „Kollege Rabbi, *sag mir doch: Was muss ich tun, damit ich das ewige Leben ererbe?*" Jesus antwortet, indem er zurückfragt: „*Was steht im Gesetz geschrieben? Was liest du?*" Das Gesetz, also die Tora, die fünf Mose-Bücher, das ist die gemeinsame Grundlage in diesem Gespräch. Jesus sagt also indirekt: Wozu fragst du? Die Antwort kannst du dir doch selber geben! Der Angesprochene antwortet mit dem Gebot der Gottesliebe, wie es im Glaubensbekenntnis Israels (5. Mose 6, 5) formuliert ist, und dem Gebot der Nächstenliebe aus 3. Mose 19, 18. Jesus bestätigt: „*Du hast recht geantwortet; tu das, so wirst du leben*". Eine friedliche Verständigung zwischen Jesus und dem Schriftgelehrten über das Wesentliche ihres Glaubens – aber zugleich auch ein Punktsieg für Jesus. Dabei will es der Gesprächspartner nicht bewenden lassen, und so hakt er nach: *"Wer ist denn mein Nächster?"* Damit soll das gelehrte Gespräch in die nächste Runde gehen. Doch daran hat Jesus kein Interesse. Er will nicht Recht behalten, sondern er möchte den Blickwinkel des Gesprächspartners verändern und erzählt als Antwort auf die gestellte Frage die Geschichte vom barmherzigen Samariter.

Gefragt ist also die Nächstenliebe. Nächstenliebe ist ein Grundwort unseres Christentums; viele Menschen definieren für sich das Christentum ganz einfach auf gelebte Nächstenliebe. Andererseits hat der Begriff einen Beigeschmack von Pflicht und Selbstüberwindung. Da fragt man sich: Kann das wirkliche Liebe sein, wenn man sich dazu erst einmal überwinden muss? Müsste Liebe nicht etwas Spontanes, mit positiven Gefühlen Besetztes sein? Fragen wir also zunächst einmal: Was ist Liebe im Neuen Testament?

Es klingt zunächst verwirrend, wenn man feststellt: Es gibt für „Liebe" in der griechischen Sprache drei ganz verschiedene Übersetzungen, je nachdem, welche Art von Liebe gemeint ist. Viele werden schon von der Entgegensetzung von eros und agape gehört haben. Meist wird der eros als das sündig-fleischliche Begehren und die agape als die wahre christliche Liebe dargestellt. Dabei wird übersehen, dass es noch einen dritten Begriff von Liebe gibt: die philia. Sie hat einen legitimen Platz zwischen eros und agape und hilft dabei, die schroffe Gegenüberstellung von eros und agape zu versachlichen. Philia heißt Liebe oder Freundschaft. Freunde müssen gerecht, fair miteinander umgehen. Der Freund mutet dem Freund keine Last zu, die er selber nicht tragen will. Freunde geben einander Raum, freuen sich an Erfolg und Wohlergehen des

Anderen. Philia in diesem Sinn ist notwendig für jede Liebesbeziehung. Wenn die Verliebtheit schwächer wird, entscheidet es sich an den genannten Merkmalen der Freundschaft, ob eine stabile Beziehung wächst. Eros und agape finden darin den rechten Platz.

Ich wage einen Vergleich: Die Liebe ist ein Haus, in dem wir Menschen wohnen können. Das Wohnstockwerk ist der Raum, in dem das menschliche Leben stattfindet. Hier soll philia als Freundlichkeit und Gerechtigkeit herrschen, unabhängig davon, ob man sich mag, ob man sich erotisch liebt.

Unter dem Wohnstockwerk – in alten Häusern in dem aus Sandsteinen errichteten Sockelgeschoss – befindet sich eine starke Energiequelle: der eros. Darunter ist nicht nur die Erotik, die Sexualität zu verstehen. Eros steht für die leidenschaftliche, besitzergreifende, nach oben strebende, eifernde und eifersüchtige Macht der Liebe. Man spricht ja auch vom pädagogischen oder vom wissenschaftlichen Eros und sagt damit, dass sich jemand leidenschaftlich der Erziehung bzw. der Wissenschaft widmet.

Damit soll nicht gesagt sein, dass die philia nur eine nüchterne Alltagstugend ist. Wenn im Johannesevangelium die Rede davon ist, dass Gott der Vater den Sohn liebt, vom Jünger, *„den Jesus lieb hatte"*, oder wenn der Auferstandene Petrus fragt: *„Liebst du mich?"*, dann wird der Ausdruck philia gebraucht.

Die Bibel zeigt uns selbst Gott als einen, der um seine Menschen eifert, so in der vollen Form der Zehn Gebote: *„Ich, der Herr dein Gott, bin ein eifernder Gott"*. Und der klassische Philosoph Platon lehrte gar, dass wir uns durch die Leidenschaft des eros bis in den Bereich des Göttlichen aufschwingen können. Wie sehr der eros in das Alltagsleben im „Wohnstockwerk" hereinwirkt, braucht nicht eigens betont werden; oft genug stellt er die Spielregeln der philia auf harte Proben.

Ihr Licht erhält die Wohnstatt der Menschen von oben, von der agape. Sie ist das göttliche Licht, das in die Welt herein strahlt. Von ihr singt Paulus in seinem bekannten „Hohen Lied der Liebe" in 1. Korinther 13. Es ist die agape, die „alles hofft, alles duldet und niemals aufhört". Sosehr sie auf Gerechtigkeit und eigenes Begehren im Extremfall verzichtet, so durchdringt und veredelt sie philia und eros. Die Gottes- und Nächstenliebe ist – um einen anderen Vergleich zu gebrauchen – ein Seil, das aus drei Schnüren geflochten ist und so besonders gut hält.

Jesus will uns offensichtlich den barmherzigen Samariter als Vorbild an Nächstenliebe vor Augen stellen. Was sehen wir an diesem Vorbild? *„Als er ihn sah, jammerte er ihn."* Die Nächstenliebe, wir sagten es am Anfang, kommt hier aus dem Innersten, aus dem Bauch. Spontan setzt der Samariter eine Menge Zeit und Geld ein und scheut kein Risiko. Eine rein vernünftige Abwägung hätte ein solches Handeln eher verhindert. Einfordern kann man solche Hingabe und Risiko-Bereitschaft ohnehin nicht. Die Macht der Liebe muss unser Innerstes erreichen, um uns wirklich in Bewegung zu bringen. Gottes agape, seine Liebe muss unsere Person von oben bis ganz unten durchdringen, muss eros und philia einbeziehen, veredeln, heiligen, damit unsere Liebe wirklich aus unserem Innersten kommt und nicht nur angelernt, anerzogen ist. Es gibt keine vollkommene Liebe ohne die Leidenschaft des eros und die freundschaftliche Aufmerksamkeit der philia. Paulus beleuchtet dasselbe von einer anderen

Seite, wenn er sagt: Unsere ganze Person mit Geist, Seele und Körper ist eine Wohnstatt Gottes, ein Tempel des Heiligen Geistes. Unsere Gliedmaßen sind Glieder des Leibes Christi.

Manche Kirchenlieder, vor allem Passions-Lieder, sagen uns, es gelte, die Gelüste abzutöten, die Begierden „an das Kreuz zu heften". Hier ist die alte Gegenüberstellung von göttlicher agape und menschlich-sündhaftem eros wirksam. Doch das funktioniert nicht. Wo man Gelüste und Begierden unterdrückt, erreicht man nur scheinbare Erfolge. Das Verdrängte kommt aus der Tiefe des Bauches zurück, oft mit Bosheit aufgeladen, in Form von Herrschsucht oder Habgier. Kopf, Herz und Bauch müssen zusammen wirken, agape und philia müssen den eros einbeziehen und veredeln, damit wir aus der Liebe leben können. Wir Menschen sind ausgespannt zwischen Himmel und Erde. Das Licht des Himmels und die Kraft der Erde müssen zusammen kommen, damit wir gut sein können. Diese Güte braucht ein Klima der Freundschaft, aber auch der Lebensbejahung und der Sinnesfreude.

„Wer ist mein Nächster?", so hatte der Schriftgelehrte gefragt. Die Antwort scheint einfach: der unter die Räuber Gefallene, der Hilfsbedürftige, der unsere Nächstenliebe braucht. In der Geschichte vom barmherzigen Samariter hieße der Vorwurf an Priester und Levit: Ihr habt eurer Pflicht nicht genügt, den unter die Räuber Gefallenen als Nächsten anzunehmen.

Doch Jesus stellt die Frage umgekehrt: *„Wer von diesen dreien, meinst du, ist der Nächste gewesen dem, der unter die Räuber gefallen war?"* Die Antwort des Schriftgelehrten: *„Der die Barmherzigkeit an ihm* *tat"*. Nicht: Priester und Levit sind an dem Opfer schuldig geworden durch unterlassene Hilfeleistung, sondern: Priester und Levit haben die Chance verpasst, Nächste zu werden. Sie haben sich nicht erbarmt und dadurch das Glück und die Erfüllung verspielt, die ihnen dieser Einsatz hätte bringen können. Werden wir unsere Chance wahrnehmen?

Leib und Seele – teuer erkauft

1. Korinther 6, 12-20

Alles ist mir erlaubt, aber nicht alles dient zum Guten. Alles ist mir erlaubt, aber es soll mich nichts gefangen nehmen. Die Speise dem Bauch und der Bauch der Speise; aber Gott wird das eine wie das andere zunichte machen. Der Leib aber nicht der Hurerei, sondern dem Herrn, und der Herr dem Leibe. Gott aber hat den Herrn auferweckt und wird auch uns auferwecken durch seine Kraft. Wisst ihr nicht, dass eure Leiber Glieder Christi sind? Sollte ich nun die Glieder Christi nehmen und Hurenglieder daraus machen? Das sei ferne! Oder wisst ihr nicht: wer sich an die Hure hängt, der ist e i n Leib mit ihr? Denn die Schrift sagt: „Die zwei werden e i n Fleisch sein" (1. Mose 2, 24). Wer aber dem Herrn anhängt, der ist e i n Geist mit ihm. Flieht die Hurerei! Alle Sünden, die der Mensch tut, bleiben außerhalb des Leibes; wer aber Hurerei treibt, der sündigt am eigenen Leibe. Oder wisst ihr nicht, dass euer Leib ein Tempel des heiligen Geistes ist, der in euch ist und den ihr von Gott habt, und dass ihr nicht euch selbst gehört? Denn ihr seid teuer erkauft; darum preiset Gott mit eurem Leibe.

Das ist vielleicht ein Kuckucksei, dieser Text! Wer mir das ins Nest gelegt hat? Ein bisschen schuld bin ich selber: Ich wollte einen Text durcharbeiten, der etwas über Leib und Seele bei Paulus aussagt, da wird von der neutestamentlichen Wissenschaft dieser Text empfohlen – und dann redet Paulus nur von Hurerei, Prostitution, käuflicher Liebe! Ausgerechnet an diesem unappetitlichen Beispiel will er seine Auffassung vom Menschen aufzäumen!? Nun, das Thema war vielleicht kein

Einfall des Paulus, es war ihm vorgegeben durch Vorgänge in Korinth, die Paulus als Missstände anprangern musste, wie andere Beispiele im 1. Korinther-Brief zeigen.

Aber was war dann das für eine Gemeinde, die in Korinth? Das war ja wohl das reinste Sodom und Gomorrha! Hätten wir uns mit unserer moralischen Entrüstung an die Korinther selbst gewandt, hätten die uns wohl kühl entgegnet: Bei uns ist alles in Ordnung. Natürlich gibt es in unserer Stadt und auch in unserer Gemeinde wohlhabende Männer, die sind verheiratet und haben Familie, die suchen gelegentlich eine Prostituierte auf, oder sie besuchen ein Trinkgelage mit „Flöten-Spielerinnen", wie es schon der Philosoph Plato in seinem „Symposion" schildert. Die ganz Reichen kaufen sich eine hübsche Sklavin. Manche Ehefrau ist ja vielleicht auch froh, die perversen Wünsche ihres Mannes los zu sein, und Männer sind ja von Natur aus polygam. Die Hure findet ihren Lebensunterhalt, die Sklavin hat ihren festen Platz in der Großfamilie. Und im übrigen kann gerade Paulus nichts dagegen haben. Er hat uns ja die Freiheit vom Gesetz, von den alten Zwängen gelehrt. „Alles ist mir erlaubt", das war seine Botschaft, das ist unsere Parole. (Angemerkt sei, dass wir da mit einem Mann gesprochen haben. Aus der Sicht der betroffenen Frauen – Ehefrauen, Prostituierten, Sklavinnen – hätte sich das wohl anders angehört).

Dass Paulus über diese Zustände in der Gemeinde empört war, können wir nachvollziehen. Uns fallen auch genug Gründe ein, warum Prostitution etwas Verwerfliches ist: Liebe kann nicht käuflich sein. Prostitution entwürdigt die Frau und macht sie zu einem Objekt der Begierde. Verheiratete Männer begehen Ehebruch, wenn sie zu einer Nutte gehen. Prostitution fördert Menschenhandel, den Verkauf von Frauen aus armen Ländern. Positiv ausgedrückt: Sexualität soll eingebettet sein in eine Beziehung der Liebe.

Sonderbar: Keines dieser Argumente taucht bei Paulus auf. Sein Hauptargument ist vielmehr: „Der Leib (gehört) nicht der Hure, sondern dem Herrn". Wir sind als Christen Teil des Leibes Christi, unsere Gliedmaßen sind Christi Gliedmaßen. „Wisst ihr nicht, dass eure Leiber Glieder Christi sind? Sollte ich nun die Glieder Christi nehmen und Hurenglieder daraus machen? Das sei ferne!" Käufliche Liebe geht also für Paulus ans Innerste des Glaubens, an unsere Zugehörigkeit zu Christus.

Hat die Beziehung zu Christus wirklich eine so direkte Verbindung zur Frage der Prostitution? Paulus sieht es so. Ob Ehefrau oder Hure: In der sexuellen Vereinigung erfüllt sich die Feststellung der Schöpfungs-Geschichte: *„Wisst ihr nicht: Wer sich an die Hure hängt, der ist e i n Leib mit ihr? Denn die Schrift sagt: Die zwei werden e i n Fleisch sein"* (1. Mose 2, 24). Wo Mann und Frau sich vereinen, da ist es ganz ernst, da werden aus zwei eins. Wer sich hier versündigt, beschädigt nicht nur seine Beziehung zu Christus, sondern beleidigt auch den Schöpfer, der Mann und Frau füreinander bestimmt hat.

Eine radikale Position nimmt Paulus hier ein – wie sollen wir damit umgehen? Können wir wirklich eine flüchtige Beziehung, den erotischen Rausch einer Nacht auf derselben Ebene betrachten wie eine jahrelange Freundschaft und eine lebenslange Ehe? Fehlt dem ledigen Reiseapostel vielleicht die nötige Lebenserfahrung? Letzteres mag der Fall sein – aber die Botschaft, die Paulus an uns richtet, sollten wir hören:

Gott will nicht nur in unserer Seele, sondern auch in unserem Körper ankommen. Christus baut kein Reich der Seelen auf, für das es gleichgültig wäre, was der Körper tut: so etwa sahen es die Korinther. Christus nimmt uns mit Leib und Seele in seinen Machtbereich hinein. Von hier aus können wir das, was im sexuellen Bereich geschieht, differenziert bewerten. Dabei vergessen wir nicht, dass die verschiedenen Lebensformen der Menschen immer vor dem persönlichen Hintergrund des Einzelnen gesehen werden müssen.

„Ihr seid teuer erkauft", so argumentiert Paulus weiter. Gott hat uns losgekauft von allen bösen Mächten und den Verpflichtungen, die wir gegenüber diesen Mächten – Geld, Ansehen, öffentliche Meinung – zu haben glauben. Ohne Christus würde unser Leben diesen Mächten gehören. Im Sühnetod Jesu Christi hat Gott selbst den Preis bezahlt, der notwendig war, um das durch die Sünde gestörte Gleichgewicht wiederherzustellen. Es hat keinen Sinn zu fragen, ob Gott das nicht auch ohne den Sühnetod Jesu hätte in Ordnung bringen können. Das bleibt Spekulation.

Der marokkanische Schriftsteller Tahar ben Jelloun erzählt in seinem Roman „L'auberge des pauvres" von einer Prostituierten und einem Mann, der sie liebt und sie heiraten möchte. Er wendet eine große Summe auf, um sie von der neapolitanischen Mafia freizukaufen. Doch kurz darauf sieht er, wie die Frau freiwillig in das Auto eines Mafia-Bosses einsteigt. Sie hat ihre teuer erkaufte Freiheit verspielt, die Lösesumme ist umsonst geflossen. Genauso, könnte Paulus sagen, wird es gehen, wenn ihr eure von Gott selbst freigekaufte Existenz gering schätzt und wieder verliert.

Dass wir nur dadurch frei werden können, dass einer uns auslöst, unsere Schulden bezahlt, entspricht nicht der gängigen Vorstellung von Freiheit. Die Freiheit ist doch unser Recht, die haben wir einfach so, und wir müssen nur ein wenig darauf achten, dass sie uns nicht still und leise genommen wird. Paulus sieht das vielleicht realistischer: Frei sind wir nur, wenn wir im Machtbereich Gottes und Christi leben. Sonst sind wir den anderen Mächten hilflos ausgeliefert. Leben wir denn nicht in einer Welt, in der alles käuflich ist? Folgt nicht alles den Gesetzen des Kapitals aus Angst, unsere Welt würde sonst in finanziellen und in der Folge politischen Krisen zusammenbrechen? Die bürgerlichen Freiheiten in Ehren, aber wie ist es um die ökonomische Freiheit bestellt? Spricht man nicht zu Recht vom Persönlichkeitsmarkt, auf dem der Einzelne seine Vorzüge, seine Kompetenz präsentiert, um andere auszustechen? Läuft nicht schon die Partnerwahl für Freundschaft und Ehe nach den Gesetzen der Marktwirtschaft? Paulus stellt klar, wem das gehört, was wir da zu Markte tragen: „Der Herr dem Leibe und der Leib dem Herrn", beide gehören unzertrennlich zusammen. Wir hätten vielleicht eher gesagt: „Der Herr der Seele und die Seele dem Herrn". Aber offenbar ist Paulus zu Unrecht als leibfeindlich verschrieen, denn er stellt den Leib in den Mittelpunkt, nicht die Seele. Christus möchte unser konkret gelebtes Leben mit uns zusammen gestalten, unsere religiöse Innerlichkeit wäre ihm zu wenig.

Noch einmal zurück zum Anfang unseres Abschnitts! „Alles ist mir erlaubt", so zitiert Paulus die Parole seiner Gegner. Er lässt den Satz zwar gelten, fügt aber hinzu: „aber nicht alles dient zum Guten". Paulus wiederholt die Parole und schränkt sie so ein: „Aber es soll mich nichts gefangen nehmen". Der Apostel mahnt also seine Leser, sie sollen ja nicht die Freiheit in Christus auf's Spiel setzen, indem sie sich von irgendetwas gefangen nehmen lassen. Als Anwendungsfall spricht Paulus dann vom Essen, überraschenderweise aber so, dass er hier keine Gefahr von Abhängigkeiten sieht: "Die Speise dem Bauch und der Bauch der Speise; aber Gott wird das eine wie das andere zunichte machen". Ist Essen (und Trinken) so nebensächlich, dass man sich hier nicht versündigen kann? Wollte Paulus den Korinthern entgegenkommen durch die Wahl des Beispiels Essen, ihnen einen Raum der Beliebigkeit aufzeigen? Aber ist Paulus da seinen Lesern nicht zu weit entgegengekommen? Wenig später schreibt er: „Alle Sünden, die der Mensch tut, bleiben außerhalb des Leibes; wer aber Hurerei treibt, der sündigt am eigenen Leibe". Aber gehören Essen, Trinken, Verdauen nicht zum Leib? „Essen und Trinken hält Leib und Seel' zusammen." Dieser bekannte Satz sagt doch aus, dass wir durch Essen und Trinken Leib und Seele fördern oder beschädigen können – denken wir nur an die Suchtgefahren! Erstaunlich auch, dass Paulus hier gar nicht in den Blick nimmt, was Mahlgemeinschaft für Jesus und für die ersten Christen bedeutet hat – wo er doch selbst im 11. Kapitel desselben Briefes gegen Missstände bei den gemeinsamen Mahlzeiten wettert.

„Wisst ihr nicht, dass euer Leib ein Tempel des Heiligen Geistes ist?" – mit dieser Feststellung rundet Paulus seine wertschätzenden Äußerungen zur Würde des Leibes ab: Gottes gute Schöpfung, einbezogen in den Leib Christi und Wohnstatt des Heiligen Geistes – das ist die ganze Fülle des dreieinigen Gottes. Mag

Paulus in seiner Lebenspraxis und in manchen seiner Urteile leibfeindlich erscheinen – von seinem grundlegenden Denken her ist er es nicht.

Der Text – ein Kuckucksei? So ist es mir am Anfang herausgerutscht. Wir haben trotzdem unverdrossen im Schreiben und Lesen der vorstehenden Gedanken eine gute Runde auf dem Ei gebrütet, und nun ist, so finde ich, aus dem Ei ein schöner Kuckuck geschlüpft. Die Neutestamentler mögen mir die Beschimpfung verzeihen und meinen ehrerbietigen Dank entgegennehmen!

Leib und Seele – ein Brief Christi

2. Kor. 3, 3

Ist doch offenbar geworden, dass ihr ein Brief Christi seid, durch unseren Dienst zubereitet, geschrieben nicht mit Tinte, sondern mit dem Geist des lebendigen Gottes, nicht auf steinerne Tafeln, sondern auf fleischerne Tafeln, nämlich eure Herzen.

Wir sind ein Brief – lassen wir diese Feststellung auf uns wirken! Nicht: Wir überbringen einen Brief. So ist doch oft unser Verständnis von christlicher Existenz: Wir haben eine Botschaft zu verkündigen. Wir verkündigen das Wort Gottes. Wir müssten eigentlich mit diesen unseren Worten alle Menschen erreichen. Paulus meint mehr: Wir sind ein Brief und zwar naturgemäß, mit unserem körperlichen Leben, so wie wir herumlaufen, uns verhalten, mit unserem Gesichtsausdruck und unserer Körperhaltung.

Nicht: Wir sollen ein Brief Christi sein. Hier wird uns kein Ziel gesetzt, bis da und da müsst ihr ein Brief Christi sein. Wir sind ganz einfach ein Brief Christi, ob wir wollen oder nicht, bewusst oder unbewusst.

In unserem Land leben Millionen von Anhängern anderer Religionen. Müssten wir sie nicht missionieren, ihnen unseren Glauben verkündigen? Aber das tun wir doch schon, ohne uns darüber im Klaren zu sein! Für die Andersgläubigen sind wir alle Christen. Und an der Art, wie wir uns verhalten, wie wir diesen Menschen begegnen, lesen sie ab, was Christentum ist. Es kommt immer wieder zu Glaubensgesprächen. Aber sie können nur klären, was an Botschaft schon durch unser Leben vermittelt worden ist. Wenn wir durchdrungen sind von der Liebe Gottes und man uns das ansieht und abspürt, dann strahlen wir unwillkürlich etwas von dieser Liebe Gottes aus, die wir ja verkündigen und weitersagen wollen.

Das Alte Testament bezeugt uns, dass Gott mit seinem Volk einen Bund schließt, oder besser, einen Bund stiftet und das Volk dazu einlädt, diese Bundesstiftung anzunehmen. Kern dieser Bundesstiftung sind die Zehn Gebote. Zum Zeichen ihrer bleibenden, fortdauernden Gültigkeit hat Gott diese Gebote auf steinerne Tafeln geschrieben und durch Mose dem Volk überbringen lassen. Die vollständige Bundes-Urkunde ist die Tora; sie umfasst die fünf Bücher Mose und wird mit Tinte auf Schriftrollen geschrieben, die dann heilig gehalten werden und Jahrhunderte überdauern.

Nun, da sich Gott in Christus erneut offenbart und einen neuen Bund schließt, wählt er völlig anderes Material: Er meißelt die Worte nicht in Stein, er lässt sie nicht mit Tinte auf Pergament schreiben, er schreibt, so Paulus, auf fleischerne Tafeln, nämlich unsere Herzen, und an die Stelle der Tinte tritt der Geist des lebendigen Gottes selbst.

Aber ist das nicht sehr riskant? „Es ist das Herz ein trotzig und verzagt Ding; wer kann es ergründen?" So steht es in Jeremia 17, 9. Ist das ein verlässliches Schreibmaterial? Und der Geist? „Der Wind bläst, wo er will, und du hörst sein Sausen wohl; aber du weißt nicht, woher er kommt und wohin er fährt." (Joh. 3, 8). Das wankelmütige Menschenherz und der frei handelnde Gott – wie soll das zusammen etwas Tragfähiges ergeben?

Gott selbst sorgt dafür, dass aus seiner Sache etwas wird. So wie der alte Bund Priester und Propheten hatte, so macht Gott Menschen fähig, Diener des neuen Bundes zu sein. Sie sind Diener nicht des Buchstabens, sondern des Geistes. Denn: „Der Buchstabe tötet, aber der Geist macht lebendig." Und: „Wo der Geist des Herrn ist, da ist Freiheit" (2. Kor. 3, 17).

Wir sind also Briefe Gottes, geschrieben mit dem Heiligen Geist in unsere Herzen, unser Innerstes, von wo wiederum der Inhalt dieses Briefes durch den Körper nach außen scheint. Müssen wir letztendlich das Risiko tragen, dass aus dieser Form der Kommunikation etwas Rechtes wird? Werden wir einen ausreichend guten, glaubwürdigen Eindruck machen? Aber wann sind wir denn glaubwürdig? Paulus sagt es immer wieder: Nicht um unsere Darstellung geht es, sondern darum, dass Gottes Kraft durch unsere Schwachheit hindurch scheint. Treten wir kraftvoll und sicher auf, dann besteht die Gefahr, dass wir uns selbst verkündigen. Gott will uns als irdene, zerbrechliche Gefäße, damit seine Kraft zur Erscheinung kommt.

Wir hätten gerne für unseren Glauben feste, steinerne Fundamente, wären gerne Leuchttürme, Felsenmänner wie Petrus. Gott sagt uns: „*Lass dir an meiner Gnade genügen, denn meine Kraft ist in den Schwachen mächtig*" (2. Kor. 12, 9).

(Siehe auch „Paulus – Mensch zwischen Gott und Satan", S. 97)

Leib und Seele – Urkunde des neuen Bundes
2. Kor. 3, 2-9

Ihr seid unser Brief, in unser Herz geschrieben, erkannt und gelesen von allen Menschen! Ist doch offenbar geworden, dass ihr ein Brief Christi seid, durch unsern Dienst zubereitet, geschrieben nicht mit Tinte, sondern mit dem Geist des lebendigen Gottes, nicht auf steinerne Tafeln, sondern auf fleischerne Tafeln, nämlich eure Herzen.

Solches Vertrauen aber haben wir durch Christus zu Gott. Nicht dass wir tüchtig sind von uns selber, uns etwas zuzurechnen als von uns selber; sondern dass wir tüchtig sind, ist von Gott, der uns auch tüchtig gemacht hat zu Dienern des neuen Bundes, nicht des Buchstabens, sondern des Geistes. Denn der Buchstabe tötet, aber der Geist macht lebendig.

Wenn aber schon das Amt, das den Tod bringt und das mit Buchstaben in Stein gehauen war, Herrlichkeit hatte, so dass die Israeliten das Angesicht des Mose nicht ansehen konnten wegen der Herrlichkeit auf seinem Angesicht, die doch aufhörte, wie sollte nicht viel mehr das Amt, das den Geist gibt, Herrlichkeit haben? Denn wenn das Amt, das zur Verdammnis führt, Herrlichkeit hatte, wieviel mehr hat das Amt, das zur Gerechtigkeit führt, überschwängliche Herrlichkeit.

Von zweierlei Ämtern will Paulus mit seinen Lesern reden: von der Herrlichkeit des Mose-Amtes und der unvergleichlich größeren Herrlichkeit des Christus-Amtes. Reden wir zunächst vom Christus-Amt, bzw. vom Christus-Dienst! „Amt" und „Dienst" sind zwei Übersetzungen für ein und dasselbe griechische Wort diakonia. Bei „Dienst" betont man mehr die Hingabe an die, denen man dient, und an den Auftrag, den man hat. Bei „Amt" betont man die Vollmacht, die man von einer höheren Stelle übertragen bekommen hat, und die damit verbundene Verantwortung.

Paulus spricht zunächst von sich selbst und benützt dabei die Wir-Form, vielleicht um seine Mitarbeiter in die Aussagen miteinzuschließen, oder vielleicht auch, um das Gewicht seines Apostolats zu betonen. Durch seinen apostolischen Verkündigungsdienst hat Paulus in die Herzen seiner Zuhörer einen Brief geschrieben, der für alle Menschen lesbar ist. Diese Christen – und wir mit ihnen – sind also eine Mitteilung Gottes an alle Menschen, denen sie begegnen.

Dieser Brief ist mehr als eine simple Nachricht. Paulus macht dies klar, indem er diesen Brief, dieses Schreiben einem anderen Schriftstück gegenüberstellt: den von Gott in Stein gemeißelten und von Mose überbrachten Geboten. Um die rankt sich ein ganzes Geflecht von Einzelvorschriften, die in den fünf Mose-Büchern niedergelegt sind. Das Ganze ist die Tora, die Stiftungsurkunde für Gottes Bundesstiftung zugunsten seines Volkes Israel. Im Neuen Testament wird die Tora meist als „das Gesetz" bezeichnet. Gott hat Mose zum Überbringer und Vermittler dieser Bundesstiftung eingesetzt.

Paulus sieht das Mose-Amt mit seinen auf Steintafeln geschriebenen Geboten und seinen mit Tinte geschriebenen Schriften als dunkle Folie, von der sich die neue Bundesstiftung abhebt. Der von Paulus in die Herzen der Menschen geschriebene Brief ist im wörtlichen Sinne also ein „neues Testament", geschrieben in die Herzen, nicht mit Tinte, sondern „mit dem Geist des lebendigen Gottes". Damit erfüllen sich die Weissagungen der Propheten Jeremia und Hesekiel: *„Ich will euch ein neues Herz und einen neuen Geist in euch geben und will das steinerne Herz aus eurem Fleisch wegnehmen und euch ein fleischernes Herz geben. Ich will meinen Geist in euch geben und will solche Leute aus euch machen, die in meinen Geboten wandeln und meine Rechte halten und danach tun"* (Hesekiel 36, 26+27). *„Ich will mein Gesetz in ihr Herz geben und in ihren Sinn schreiben"* (Jeremia 31, 35). Paulus lässt diese Verheißungen in seinen eigenen Formulierungen anklingen. Für ihn sind diese Zusagen Gottes in Christus erfüllt. *„Der Herr ist der Geist; wo aber der Geist des Herrn ist, da ist Freiheit."* Der Geist Gottes wohnt in uns und gibt uns Anteil an Glaube, Hoffnung und Liebe. Er macht uns zu Bäumen, die gute Früchte tragen.

Paulus setzt die beiden Bundesschlüsse in einen Gegensatz zueinander, wie er schärfer nicht sein könnte: *„Der Buchstabe tötet, aber der Geist macht lebendig."* Das Gesetz, so führt Paulus später im Römerbrief aus, ist an sich gut und heilig. Aber seine Forderungen führen die Menschen in Selbstgerechtigkeit oder in Verzweiflung hinein. Insofern führt das Mose-Amt zur Verdammnis, insofern tötet der Buchstabe.

Doch diese Entgegensetzung von Mose-Amt und Christus-Amt ist nur die eine Seite; die andere ist, dass Paulus beides einander zuordnet im Sinne eines Fortschreitens vom Kleineren zum Größeren. *„Wenn schon das Amt, das den Tod bringt, [...] Herrlichkeit hatte, wie sollte nicht viel mehr das Amt, das den Geist bringt, Herrlichkeit haben?"*

Paulus setzt also klar voraus, dass das Mose-Amt gottgewollte Herrlichkeit hat. Diese Herrlichkeit wird durch die des Christus-Amts überboten, aber nicht aufgehoben. Beide Ämter übermitteln Gottes Gnaden-willen, beide sind zum Leben notwendig. 1500 Jahre später hat Martin Luther auf dieser Grundlage seine Lehre von den „zwei Regimentern", von den zwei Weisen des göttlichen Regierens formuliert. Die Herrschaft durch das Gesetz ist Gottes Regiment zur linken Hand, im Evangelium regiert Gott mit seiner rechten Hand. Im Regiment zur linken Hand regiert Gott mit Gesetz und Strafe, mit staatlicher und militärischer Gewalt. Wäre dies nicht so, die Welt würde in kurzer Zeit an sich selbst und ihrer Bosheit zugrunde gehen. Im Regiment zur rechten Hand regiert Gott durch Gnade und Liebe, durch das Evangelium. Als Christen leben wir unter beiden Regimentern Gottes. Wir sind Teilhaber am Reich Gottes und zugleich Kinder dieser Welt.

Denken wir an unser Elternamt, aber auch an Verantwortliche in Schulen, Betrieben, Verwaltungen, ja auch im militärischen Bereich! Alle Menschen leben letztlich von Gottes schöpferischer und erlösender Liebe, sie leben davon, dass Gott ihnen – sie wissen es oder wissen es nicht – seinen Leben schaffenden Geist immer neu einhaucht. Aber sie leben auch davon, das im Gehorsam gegen Gottes Gebot Ordnungen aufgestellt und durchgesetzt werden, äußerstenfalls mit Strafen und militärischer Gewalt. Wir brauchen einen Rechtsstaat, und wir brauchen ein Staatsrecht zwischen den Völkern und ihren Regierungen, und allen Unkenrufen zum Trotz bewegt sich die Menschheit langsam, aber sicher in diese Richtung.

Alles ordnende Tun hat seine eigene gottgewollte Herrlichkeit. Wir handeln in unseren weltlichen Ämtern in Gottes Auftrag. Das Wort „Der Buchstabe tötet" wird missbraucht, wenn man damit ein Ressentiment, einen grundsätzlichen Vorbehalt gegen Vorschriften, Gesetze, Strukturen, Ordnungen begründen will. Und doch sind Gebot und Gehorsam, Lohn und Strafe immer nur das Vorletzte. Im Letzten kommt es darauf an, dass der Geist unsere Herzen lebendig macht, damit wir unsere alltägliche Verantwortung wahrnehmen, zur Ehre Gottes und zum Heil unserer Mitmenschen, und auch für uns.

Zum Thema: Paulus und die Decke des Mose

Als Mose vom Gottesberg zurückkam, die neuen Gesetzestafeln in der Hand, musste er eine Decke über
sein Gesicht legen, weil aus ihm die Herrlichkeit Gottes so leuchtete, dass die Israeliten den Anblick nicht
ertragen konnten.

Eineinhalb Jahrtausende später: Der Apostel Paulus
kommt auf seiner zweiten Missionsreise zum ersten
Mal nach Korinth. Er quartiert sich bei einem jüdi-
schen Zeltmacher ein und arbeitet dort mit, er ist ja
selbst auch Zeltmacher von Beruf. An den Sabbat-Ta-
gen lehrt Paulus in der Synagoge, wo ja jeder jüdische
Mann das Wort ergreifen kann. Der Apostel bezeugt
den Zuhörern, dass Jesus der erwartete Messias sei.
Er gewinnt einen Teil der Juden und der nichtjüdi-
schen Synagogen-Besucher für Christus. Die anderen
widersprechen und lästern. Daraufhin verlässt Paulus
die Synagoge und zieht mit seinen neugewonnen Anhängern in ein Haus neben der Synagoge um. Auch der
Synagogen-Vorsteher tritt zu der neuen Gemeinde ü-
ber und lässt sich taufen. Im ganzen bleibt Paulus eineinhalb Jahre in Korinth und baut die Gemeinde auf.
Später hält er trotz – oder gerade wegen – schwerer
Anfeindungen und Konflikte einen ständigen Kontakt
zu der Gemeinde in Korinth – die Korinther-Briefe
zeugen davon.

Ähnliche Erfahrungen wie in Korinth hat Paulus
vorher und nachher gemacht. Er geht zuerst in die Synagoge und nimmt dort an der Schriftauslegung teil.
Für Paulus ist sonnenklar: Jesus ist der von den Propheten erwartete Messias. Ein Teil der Synagogen-Besucher folgt ihm, ein anderer weist die Botschaft von
Jesus ab, und es kommt zur schmerzlichen Trennung.

Paulus kann es einfach nicht fassen, dass seine Mitleser nicht sehen, dass Jesus das Ziel der Schrift ist. In einer solchen Lage mag ihm der Vergleich mit der Decke des Mose eingefallen sein: *„Ihre Sinne wurden verstockt. Denn bis auf den heutigen Tag bleibt diese Decke unaufgedeckt über dem Alten Testament, wenn sie es lesen, weil sie nur in Christus abgetan wird"* (2. Kor. 3, 14).

Was die Israeliten nicht konnten, Mose in sein vor Herrlichkeit strahlendes Gesicht sehen, Paulus kann es, und alle Christen können es auch: *„Nun aber schauen wir alle mit aufgedecktem Angesicht die Herrlichkeit des Herrn wie in einem Spiegel, und wir werden verklärt in sein Bild von einer Herrlichkeit zur andern von dem Herrn, der der Geist ist"* (2. Kor. 3, 18). Stolze Worte!

Leib und Seele – Licht von innen

2. Kor. 3, 17 und 4, 6+7

Der Herr ist der Geist; wo aber der Geist des Herrn ist, da ist Freiheit. Nun aber schauen wir alle mit aufgedecktem Angesicht die Herrlichkeit des Herrn wie in einem Spiegel, und wir werden verklärt in sein Bild von einer Herrlichkeit zur andern von dem Herrn, der der Geist ist.

Denn Gott, der da sprach: Licht soll aus der Finsternis hervorleuchten, der hat einen hellen Schein in unsre Herzen gegeben, dass durch uns entstünde die Erleuchtung zur Erkenntnis der Herrlichkeit Gottes in dem Angesicht Jesu Christi. Wir haben aber diesen Schatz in irdenen Gefäßen, damit die überschwängliche Kraft von Gott sei und nicht von uns.

Herrlichkeit?

Die Herrlichkeit Gottes und des Menschen mit Worten predigen - ist das überhaupt sinnvoll? Sagen da nicht die Ikonen der Ostkirchen mehr mit ihrem golden leuchtenden Hintergrund, die Kirchen mit ihrem Licht aus der Dachkuppel, die kostbaren Gewänder der Priester? Andererseits hatte auch der Apostel Paulus selbst nichts anderes zur Verfügung als Worte; Kirchen, Ikonen und Gewänder gab es noch nicht. Dagegen hatten die Menschen im Altertum einen Blick für die Aura, die Ausstrahlung, den Strahlenkranz, den Heiligenschein, der besondere Menschen umgibt. Mir scheint, da ist uns etwas verloren gegangen.

Nun kann man versuchen, an die ostkirchliche Frömmigkeit anzuknüpfen. In vielen unserer Kirchen stehen Christus- und Marien-Ikonen mit ernsten Gesichtern, gemalt auf goldenem Grund. Aber wir können für uns nicht die Entwicklung rückgängig machen, die sich im Menschenbild vollzogen hat. Man kann es sich an Hand der Geschichte der abendländischen Malerei leicht klarmachen. Im frühen Mittelalter malte man noch auf Goldgrund und gab den dargestellten Personen gleichbleibende typische Gesichter. Im späten Mittelalter wurden die Gesichter persönlicher, dafür ging der Goldgrund verloren. In der Kunst des 20. Jahrhunderts schließlich wird der Mensch häufig in zerbrochener Gestalt dargestellt.

Und wir Menschen des 21. Jahrhunderts? Die Kunst hat sich aufgesplittert, sie gibt uns keine Richtung mehr vor. Bestimmen wir unsere Richtung, indem wir uns von Paulus sagen lassen, was unsere Herrlichkeit ist!

Herrlichkeit der Schöpfung

Paulus spricht von einer zweifachen Herrlichkeit des Menschen. Zunächst einmal: *„Gott, der da sprach: Licht soll aus der Finsternis hervorleuchten [...]"*. Paulus bezieht sich dabei auf die erste Schöpfungsgeschichte, wo Gottes erstes Wort lautet: „Es werde Licht!" Gott hat am Anfang das Licht aus der Finsternis hervorleuchten lassen. Es ist derselbe Vorgang, den die Naturwissenschaft Urknall nennt. Der schwäbische Theologe Philipp Matthäus Hahn hat in Anlehnung an den Mystiker Jakob Boehme gelehrt, dass Gott in seinem Wesen ein ewiges Hervorbrechen des Lichtes aus einer finsteren Tiefe ist. Die Schöpfung ist eine Folge dieses Geschehens. Das natürliche Licht ist von Gott als etwas Gutes geschaffen. Dieses Gotteslicht ist die natürliche Herrlichkeit des Menschen. In dieser ursprünglichen Herrlichkeit gründen Menschenwürde und Menschenrechte. Die ganze Schöpfung geschieht also gleichsam vor dem goldenen Hintergrund der Herrlichkeit Gottes.

Aber ist die Schöpfung nicht das Gegenteil von herrlich? War die Erschaffung des Menschen wirklich eine gute Idee Gottes? Wäre die Natur nicht besser ohne den Menschen? Der Mensch, als Vollendung der Schöpfung gedacht, droht in den Augen vieler zum Zerstörer der Schöpfung zu werden. Was soll das für ein „lieber Gott" sein, der die Erschaffung des Menschen zu verantworten hat?

Nun muss man dazu natürlich sagen, dass die Idee „Natur ohne Mensch" ein eher theoretischer Gedanke ist; wir können ja die Welt nur mit uns zusammen denken, da wir selbst die Denkenden sind. Im Übrigen lässt die Bibel keinen Zweifel daran, dass die Welt aus den Fugen geraten ist. Paulus selbst sagt es überdeutlich: *„Sie sind allzumal Sünder und ermangeln der Gottes-Herrlichkeit"* (Römer 3, 23 nach heutiger Deutung). Und weiter: Gott hat in Christus ein Erlösungs-Werk vollbracht, um die ursprüngliche Schöpfungs-Herrlichkeit wieder herzustellen.

Christus-Herrlichkeit

In der Fortsetzung des oben angefangenen Satzes spricht Paulus vom zweiten Werk Gottes: *„Gott [...] hat einen hellen Schein in unsere Herzen gegeben."* Das ist in Christus geschehen. Durch ihn lässt Gott es in uns hell werden. Manche Ausleger übersetzen: Gott leuchtet aus uns heraus. Jedenfalls wohnt er in unserem Innersten, mit all dem Dunkel, das dort in unserer Seele herrscht.

Doch damit ist dieses zweite Werk Gottes nicht zu Ende. Paulus fährt fort: *„Dass durch uns entstünde die*

Erleuchtung zur Erkenntnis der Herrlichkeit Gottes in dem Angesicht Jesu Christi." Dröseln wir dieses schwierige Satzgefüge vollends auf: Im Angesicht Jesu Christi strahlt Herrlichkeit. Die muss aber erst noch erkennbar werden, und dazu dient wiederum das Licht, das Gott aus unseren Herzen leuchten lässt. Das Ganze kann also nicht ohne uns geschehen. Wir sind unentbehrlich für Gottes Heils-Werk in der Welt. Wir können nicht in einer Zuschauerhaltung verharren. Wir sind selbst gefragt.

Aber wie soll es in unseren Herzen hell werden können? Ist unser Inneres nicht ein dunkler Abgrund? Sigmund Freud, der Begründer der Psychotherapie, vergleicht unsere Seele mit einem Eisberg im Meer: Ein Achtel schaut auf der Oberfläche heraus, das Bewusstsein – sieben Achtel bleiben unter der Oberfläche verborgen, und es ist gut, dass wir nicht alles wissen, was da in uns schlummert. Das Herz, in dem Gott aufleuchtet, liegt noch tiefer als die Seele, und das Licht, das aus diesem Innersten kommt, dringt durch Seele und Körper nach außen.

Die Herrlichkeit des Apostelamtes

Sind wir wirklich brauchbare Leuchtkörper für Gottes helles Licht? Irgendwie werden wir diese Frage nicht los. Hier kann uns, denke ich, das persönliche Beispiel des Paulus weiterhelfen.

Aus den Briefen des Apostels lässt sich schließen, dass der große Theologe und Völker-Apostel Probleme mit der Wirkung seines Auftretens hatte. Eine Krankheit oder Behinderung muss auf die Zuhörer einen unangenehmen Eindruck gemacht haben. Umso nachdrücklicher nimmt er für sich in Anspruch: *„Wir schauen alle die Herrlichkeit des Herrn und werden* *verklärt in sein Bild von einer Herrlichkeit zur andern.*" Solche Verklärung geschieht an seinem und unserem Körper und unserer Seele und scheint vielleicht gerade dann besonders hell, wenn Leib und Seele vom Leben gezeichnet sind.

Erwartet Gott nun von uns, dass wir immer strahlen? Da fallen uns Menschen ein, die immer fröhlich, freundlich und guter Laune sind. Das tut einem manchmal gut, wenn man selbst nicht „gut drauf" ist. Oft spüren wir aber, dass diese frohe Stimmung nicht wirklich von innen kommt. Dann kann einem das ganz schön auf die Nerven gehen. Besonders penetrant ist das „christliche Lächeln", das schnell aufgesetzt wird, wenn man Gemeindegliedern oder Bekannten begegnet.

Herrlichkeit und Kreuz

Wir evangelischen Christen sprechen wenig von der Herrlichkeit Gottes. Wir beziehen uns mehr auf den ersten Brief des Paulus an die Korinther, in dem das „Wort vom Kreuz" gleich zu Anfang ein bestimmendes Vorzeichen ist. Aber wir sollten dasselbe Gewicht dem zweiten Korinther-Brief beimessen, der eine Theologie der Herrlichkeit entfaltet. Wir sollten den Mut haben, Kirche des Kreuzes und Kirche der Herrlichkeit zu sein.

Zum Thema: Leib und Seele
– Fleisch und Geist

Gedanken zu 2. Kor. 3

Das apostolisch-reformatorische Pathos

Der Buchstabe tötet, aber der Geist macht lebendig.

Der Herr ist der Geist; wo aber der Geist des Herrn ist, da ist Freiheit, Nun aber schauen wir alle [...] die Herrlichkeit des Herrn [...], und wir werden verklärt in sein Bild von einer Herrlichkeit zur andern.
(2. Kor. 3; 7, 17+18)

Vielleicht muss man diese Sätze laut lesen, um den hellen, stolzen, ja kämpferischen Ton herauszuhören, der in diesen Worten erklingt. Es ist der helle Ton einer Signaltrompete, der die Menschen aus ihrem grauen Leben herausrufen will, hinein in die Herrlichkeit Gottes. Es ist zugleich ein kämpferischer Ton, denn mit der hier verkündigten Botschaft werden die Mächte entlarvt, denen die Menschen bisher gedient haben. Wir hören diesen Ton immer wieder bei Paulus und dann bei den Reformatoren. Allein Christus, allein die Schrift, allein die Gnade, allein der Glaube – in diesen vier Allein-Stellungen drückt sich die Botschaft der Reformation aus. Ich wage es, diesen Ton als „apostolisch-reformatorisches Pathos" zu bezeichnen.

Pathos verstehe ich hier nicht als „hohles" Pathos, leeres Getöse, *„ein tönendes Erz oder eine klingende Schelle"*, wie es Paulus am Anfang seines Hohen Lieds der Liebe 1. Kor. 13 formuliert. Pathos ist die Leidenschaft, die einem solchen neuen Aufbruch entspricht, es ist wie die Gärung, mit der der neue Wein die alten

Schläuche zerreißt. Zugegeben: Ich höre diesen hohen, pathetischen Ton gerne, auch wenn ich ihn nicht allzu oft anschlage. Er entspricht für mich der Wichtigkeit der Botschaft. Ich bin stolz darauf, einer Kirche der Reformation und damit der „einen, heiligen, katholischen und apostolischen Kirche" anzugehören, von der das alle Kirchen umfassende Nicänische Glaubensbekenntnis spricht, (katholisch bedeutet nicht römisch-katholisch, sondern im ursprünglichen Wortsinn „weltumspannend" = ökumenisch). Ich habe mit großer Freude in der Ökumene gearbeitet. Dabei haben die römisch-katholischen Pfarrer und Gemeinden an meinen verschiedenen Wirkungsorten – Casablanca, Nürtingen, Stuttgart-Freiberg, Kornwestheim – mich alle als vollwertigen Pfarrer und unsere evangelische Kirche als vollwertige Kirche gesehen.

Besonders deutlich erklingt dieser hohe Ton in den Psalm-Vertonungen der französischen Genfer Reformation, einige dieser Lieder sind auch in unserem Gesangbuch enthalten.

Fleisch und Geist

Das apostolisch-reformatorische Pathos findet häufig seinen Ausdruck in der Gegenüberstellung von „Fleisch" und „Geist". Vom Alten Testament her ist „Fleisch" ein Ausdruck für den natürlichen und vergänglichen Menschen. Jedoch nimmt der Ausdruck in der Gegenüberstellung zum „Geist" eine ganz neue Bedeutung an, die Paulus in Römer 8 klassisch formuliert: *„Fleischlich gesinnt sein ist der Tod, und geistlich gesinnt sein ist Leben und Friede"* (Römer 8, 6).

„Wenn aber Christus in euch ist, so ist der Leib zwar tot um der Sünde willen, der Geist aber ist Leben um der Gerechtigkeit willen" (Römer 8, 10).

„Wenn ihr durch den Geist die Taten des Fleisches tötet, so werdet ihr leben" (Römer 8, 13b).

„Fleisch" hat hier die Bedeutung einer gottfeindlichen Existenz bekommen; dieses „Leben nach dem Fleisch", „fleischlich gesinnt sein" ist die Sünde. Jeder von uns hat genug Predigten in diesem Sinne gehört. Das Christentum in allen Konfessionen ist jahrhundertelang von dieser Tendenz geprägt worden: Leibfeindlichkeit, Sexualfeindlichkeit – übrigens ein Erbe der spätantiken Philosophie. Leibfeindlichkeit und Sexualfeindlichkeit sind für viele Menschen ein verständlicher Grund, sich von der Kirche abzuwenden. Unzählige Menschen sind zerbrochen an der unlösbaren Aufgabe, die Antriebe und Bedürfnisse des „Fleisches", d. h. des Leibes und der Seele, zu unterdrücken. Andere haben einen Weg zur Bejahung des Körpers und der Sexualität gefunden wie Martin Luther, der in seiner Einstellung aber immer zwiespältig blieb, seine Aussagen dazu sind durchweg widersprüchlich.

Leib – Seele – Geist

Der Mensch ist Leib, Seele und Geist – diese Kennzeichnung des Menschenwesens erleichtert es, das Missverständnis der Leibfeindlichkeit zu vermeiden. Dabei ist der Begriff „Geist" vieldeutig und muss seinerseits vor Missverständnissen geschützt werden. „Geist" meint im theologischen Sprachgebrauch die Einwohnung Gottes, das Wirken des Heiligen Geistes in unserer Seele und dadurch auch in unserem Körper. Die Seele vermittelt zwischen Geist und Körper und ist insofern das innere Ohr für das Reden Gottes mit uns. Missverständnisse können dadurch entstehen, dass „Geist" in anderen Zusammenhängen als Intelligenz, Phantasie, unsterblicher Kern des Menschen verstanden wird.

Die Kennzeichnung des Menschen durch die drei Begriffe Leib, Seele, Geist vermittelt etwas von der inneren Lebendigkeit des Menschen, wo im günstigen Fall Leib, Seele und Geist einander befruchten, während die Zweierstruktur Fleisch – Geist eine Tendenz zur Polarisierung zeigt.

Leib und Seele

Leib und Seele – für den praktischen Gebrauch gefällt mir dieses Begriffspaar immer noch am besten. Es vermittelt einen Eindruck von Ganzsein, wobei der Leib die Außenseite, die Seele die Innenseite des Menschen darstellt. Zugleich drückt „Leib und Seele" eine positive Lebenseinstellung aus: „Essen und Trinken hält Leib und Seele zusammen". Oder in den Psalmen: *„Mein Leib und Seele freuen sich in dem lebendigen Gott"* (Psalm 84, 3b), und auf der anderen Seite: *„Wenn mir gleich Leib und Seele verschmachtet, so bist du doch, Gott, allezeit meines Herzens Trost und mein Teil"* (Psalm 73, 26).

Leib und Seele - am Kreuz schwebend

2. Kor. 4, 7-10

Wir haben aber diesen Schatz in irdenen Gefäßen, damit die überschwängliche Kraft von Gott sei und nicht von uns. Wir sind von allen Seiten bedrängt, aber wir ängstigen uns nicht. Uns ist bange, aber wir verzagen nicht. Wir leiden Verfolgung, aber wir werden nicht verlassen. Wir werden unterdrückt, aber wir kommen nicht um. Wir tragen allezeit das Sterben Jesu an unserm Leibe, damit auch das Leben Jesu an unserm Leibe offenbar werde.

Jesus am Kreuz

Paulus trägt das Sterben Jesu an seinem Körper, damit auch das Leben Jesu an seinem Körper sichtbar werde. Sein Körper ist gekreuzigt und lebt auf die Auferstehung hin. Wenn wir diese Worte lesen oder hören, steht uns da nicht gleich der gekreuzigte Christus vor Augen?

„O Welt, sieh hier dein Leben / am Stamm des Kreuzes schweben!", so beginnt ein Passions-Lied von Paul Gerhardt. Ja wirklich: Der Gekreuzigte schwebt zwischen Himmel und Erde. Über den Stamm ist er in der Erde verwurzelt, sein Blick begegnet unseren Blicken. Zugleich ragt das Kreuz in die Höhe, verweist auf den Himmel. Sein Körper trägt die Spuren der vorangegangenen Geißelung an sich. Und doch geht von ihm Friede aus. Die ausgebreiteten Arme umfassen die Welt in einer Umarmung der Liebe, die zugleich Gehorsam fordert. Zugleich sind die ausgebreiteten Arme eine Geste des Segens.

Der gekreuzigte Paulus

Von vielen Heiligen wird erzählt, sie hätten vor ihrem Tod die fünf Wundmale Christi (vier Nagelwunden und einen Stich in die Seite) an sich getragen. Das gilt für Paulus sicher nicht. Bei ihm sind es die Wunden, die die mehrfachen Körperstrafen der Synagogen-Wächter bei ihm hinterlassen haben. Es sind zugleich die seelischen Wunden der Zurückweisung durch so viele Menschen und der Kränkungen, die Paulus gerade aus seiner Lieblingsgemeinde in Korinth erfährt. Es sind schließlich die Wunden, die das Leben jedem von uns schlägt.

Wie der gekreuzigte Jesus, so ist auch Paulus ausgespannt zwischen Himmel und Erde. Er bewegt sich zwischen den Höhen unaussprechlicher Offenbarungen und den Tiefen des Satans, dessen Engel im Auftrag Gottes Paulus mit Fäusten schlägt (siehe „Paulus – Mensch zwischen Gott und Satan", S. 97). In der leidenschaftlichen Liebe, die Paulus für seinen Herrn und für seine Gemeinden hegt, drückt sich die Höhe im Leben des Paulus aus; die Tiefe spricht aus seinem ebenfalls leidenschaftlichen Zorn gegen alle, die dem Evangelium, so wie es ihm aufgetragen ist, widersprechen.

Teilhabe am Kreuz Christi

Jesus am Kreuz – der gekreuzigte Paulus – dürfen wir diese Linie bis zu uns verlängern? Ich meine: Ja. So wie Paulus seine Leiden vom Kreuz Christi her deutet und in das Leiden Christi mit hineinnimmt, so dürfen wir auch unser Leiden als Teilhabe am Leiden Christi verstehen. Es wäre falsche Bescheidenheit, wollten wir uns da verstecken und immer nur sagen, unsere Probleme seien doch gar nicht so wichtig, wir sollten uns nicht so in den Vordergrund stellen. Christus nimmt unsere Leiden wichtig und ist bereit, sie in den Schatz seiner Leiden aufzunehmen. Das heißt nicht, dass wir die Hände in den Schoß legen und uns nicht mehr mit unseren Leiden auseinandersetzen. Wir sind ja nicht nur auf das Kreuz, sondern zugleich auf das neue Leben in der Herrlichkeit hin orientiert. Von daher nehmen wir die Kraft, unsere Leidenstage, so gut es geht, zu bestehen.

Der Kruzifix

Für die meisten von uns wird der Anblick eines Kruzifixes etwas Selbstverständliches sein. Als Christen mit ökumenischem Bewusstsein sollten wir immerhin zur Kenntnis nehmen, dass das Bild bzw. die Statue mit Christus am Kreuz nur für die römisch-katholischen und die evangelisch-lutherischen Kirchen zur Ausstattung eines Gottesdienstraumes dazugehören. Die orthodoxen Kirchen kennen solche Darstellungen nicht, die Reformierten haben ein Kreuz ohne Christus-Körper. Ihnen geht es um den Auferstandenen, außerdem sind dort immer noch Vorbehalte gegen bildliche Darstellungen spürbar. In den romanischen Kreuzes-Darstellungen steht Christus vor dem Kreuz, als Auferstandener und Welten-Herrscher (Pantokrator). Erst in der Gotik ging man zum Bild des leidenden, am Kreuz hängenden Christus über.

Die Kruzifixe in unseren Kirchen suchen meist die Qualen des Gekreuzigten und zugleich seine Herrlichkeit darzustellen, seine Ohnmacht und seine Macht. Das Ergebnis dieser Bemühung sind Kruzifixe, die den einen als zu grausam, den anderen als zu schön erscheinen. Zu schön, weil ein gegeißelter und ans Kreuz gehängter Körper eigentlich anders aussehen müsste. Zu grausam, weil immer mehr Menschen finden, mit dem Gekreuzigten im Mittelpunkt sei unser Glaube heute nicht mehr konkurrenzfähig. Auch sei es Kindern nicht zuzumuten, solche Gräuel anzuschauen und sich dadurch innerlich zu schaden.

Bedroht und bewahrt

Unter dem Vorzeichen „Teilhabe am Leiden Christi" stellt Paulus dar, wie sein Leben als Apostel aussieht. Er bildet vier Begriffspaare, bei denen jeweils Bedrohung und Bewahrung einander gegenüberstehen:

Wir sind bedrängt – wir ängstigen uns nicht
Uns ist bange – wir verzagen nicht
Wir werden verfolgt – wir werden nicht verlassen
Wir werden unterdrückt – wir kommen nicht um

Paulus befindet sich in einer Art Schwebezustand, in der Schwebe des Lebens. Von der einen Seite stürzen die verschiedensten Bedrohungen auf ihn ein, auf der anderen Seite wird er gehalten und geschützt. Ständig ringen zwei Mächte um den Apostel, Gott und der Satan – wobei der Satan gelegentlich von Gott in Dienst genommen wird.

Kostbarer Schatz - bescheidene Verpackung

Wir sind den Text von hinten nach vorne durchgegangen und stoßen zum Schluss auf das Wort vom herrlichen Schatz und den irdenen Gefäßen, in denen wir die kostbare Gabe tragen. Der Schatz ist das Licht Gottes in uns; das Gefäß, das sind wir mit unserem gebrechlichen Körper und unserer verwundbaren Seele. Es erscheint immer wieder als ein Wunder, dass unser Leib und unsere Seele dazu bestimmt sind, den kostbaren Schatz der Herrlichkeit Gottes aufzunehmen und weiterzugeben. Paulus sieht den Grund für diese Wahl des Gefäßes darin, dass ja Gott und nicht wir selbst geehrt werden soll.

Gehen wir durch unsere Tage mit der Gewissheit, dass wir zu Lichtträgern auserwählt sind, und werden wir unserer Berufung gerecht!

Leib und Seele – vom Zelt zum Haus

2. Korinther 4, 16 - 5, 4

Darum werden wir nicht müde; sondern wenn auch unser äußerer Mensch verfällt, so wird doch der innere von Tag zu Tag erneuert. Denn unsre Trübsal, die zeitlich und leicht ist, schafft eine ewige und über alle Maßen gewichtige Herrlichkeit, uns, die wir nicht sehen auf das Sichtbare, sondern auf das Unsichtbare. Denn was sichtbar ist, das ist zeitlich; was aber unsichtbar ist, das ist ewig.

Denn wir wissen: wenn unser irdisches Haus, diese Hütte, abgebrochen wird, so haben wir einen Bau, von Gott erbaut, ein Haus, nicht mit Händen gemacht, das ewig ist im Himmel. Denn darum seufzen wir auch und sehnen uns danach, dass wir mit unserer Behausung, die vom Himmel ist, überkleidet werden, weil wir dann bekleidet und nicht nackt befunden werden. Denn solange wir in dieser Hütte sind, seufzen wir und sind beschwert, weil wir lieber nicht entkleidet, sondern überkleidet werden wollen, damit das Sterbliche verschlungen werde vom Leben.

Frohe Ostern, so rufen wir am Osterfest einander zu. Wir wünschen uns, dass wir von der Osterfreude erfasst und von ihr alle trüben Gedanken vertrieben werden, so wie die Morgensonne die Dunkelheit der Nacht verscheucht. Im Tiefsten sehnen wir uns nach einer Osterfreude, die bleibt, wenn die Last des Alltags uns wieder in Besitz nimmt und die Trauer über diesen und jenen Verlust uns niederdrückt. Die Osterfreude soll mehr sein als die kurze Unterbrechung eines traurigen Lebens.

Jesus ist auferstanden und lebt – aber das Sterben geht weiter. Die allerersten Christen waren entsetzt, als die ersten getauften Gemeindeglieder starben. Sie hatten sich in die Vorstellung hineingesteigert, sie hätten die Auferstehung schon hinter sich und lebten nun im Reich Gottes.

Auf diesen Gedanken würden wir nicht kommen. Wir wissen, der Mensch ist ein Teil der Natur und hat damit Anteil am Werden und Vergehen. Aber wir sind ja nicht nur Natur, wir haben Anteil an Gottes Geist. Was bedeutet das für unseren Tod? Was stirbt, was bleibt?

Sterben ist nicht gleich Sterben. In früheren Jahrhunderten wollte man den Übergang vom Diesseits zum Jenseits bewusst erleben. Man starb, umgeben von der ganzen, meist großen Familie. Man fürchtete sich vor dem „bösen, schnellen Tod", weil man sich auf das Sterben vorbereiten wollte.

Heute ist es umgekehrt: Stirbt einer ganz plötzlich, so bedauert man zwar die vom Unglück geschlagenen Angehörigen, beneidet aber den Verstorbenen: „So wünscht man es sich!" Leiden und Sterben sollen uns möglichst erspart bleiben.

Wer hat nun Recht, wir oder unsere Vorfahren?

Paulus lenkt unseren Blick weg von unserem Lebensende und hin auf unser ganzes Leben. Er sieht unser ganzes Leben unter dem Vorzeichen des Sterbens. Aber er meint damit nicht nur, dass wir eben sterblich sind und jederzeit vom Tod eingeholt werden können. Von Christus her stellt Paulus unser ganzes Leben unter das Vorzeichen von Sterben und Auferstehung. *„Wir tragen allezeit das Sterben Jesu an unserem Leibe, damit auch das Leben Jesu an unserem Leibe offenbar werde"* (2. Kor. 4, 10). Alle körperlichen und seelischen Leiden, aber auch den Kampf gegen das Böse in uns und um uns können wir in unsere Beziehung zu dem gekreuzigten und auferstandenen Herrn hinein nehmen. Und das bedeutet zugleich Teilhabe am neuen Leben, an der Herrlichkeit des Auferstandenen.

Paulus gebraucht in unserem Text für unser Sterben zwei Vergleiche. Zum einen spricht er vom Wohnen: *„Wir wissen: wenn unser irdisches Haus, diese Hütte,* [oder besser: Zeltbehausung] *abgebrochen wird, so haben wir einen Bau, von Gott erbaut, ein Haus, nicht mit Händen gemacht, das ewig ist im Himmel"*. Unser Körper, aber auch unser ganzes irdisches Leben und Wirken, ist also ein Zelt. In einem Zelt kann es sehr gemütlich sein, sei es im Bungalow- Zelt eines modernen Campers, sei es im märchenhaften Luxus, mit dem sich ein orientalischer Beduinen-Fürst in seinem Zelt umgeben kann. Beide wissen, warum sie in einem Zelt wohnen: der Camper, weil er nach einigen Tagen oder Wochen wieder weiterziehen will; der Beduinen-Fürst, weil er immer wieder neue Weidegründe für seine Herden aufsuchen muss – denken wir nur an den Erzvater Abraham, der die Boten Gottes in seinem Zelt empfing.

Paulus musste es wissen, er war ja selbst Zeltmacher von Beruf und hat dieses Handwerk auch als Apostel ausgeübt, weil er von seinen Gemeinden finanziell unabhängig sein wollte. Allerdings waren schon zu seiner Zeit die wenigsten Menschen Nomaden, die in Zelten wohnten. Eine Lehmhütte war das mindeste, was man haben wollte, wenn nicht gar ein steinernes Haus. Für uns heute ist das Zelten eine reine Freizeitangelegenheit. Unser Ideal ist ein schönes Haus aus Stein oder Holz, das Beständigkeit ausstrahlt.

Umso mehr horchen wir auf, wenn Paulus unseren Körper als Zeltwohnung und unser irdisches Leben und

Wirken als Leben im Zelt bezeichnet und wir müssen ihm Recht geben. Nicht nur, dass viele Menschen in ihrem Leben immer wieder umziehen müssen – auch ein Mensch, der sein Leben lang im ererbten Elternhaus wohnt, durchläuft die verschiedenen Lebensalter und ändert sich beständig, auch wenn er es nicht wahrnimmt.

Gerade wenn wir lange am selben Ort gelebt haben und im Alter hinfällig werden, fällt uns der Umzug zu den Kindern oder ins Heim schwer. Man mag uns noch so gut zureden – wir müssen unser gewohntes Leben aufgeben, und das ist ein wenig ein vorweggenommenes Sterben. Am Ende mag unser schönes Haus stehen bleiben, mögen Kinder oder Enkel oder ganz andere Leute einziehen: Das Zelt unseres Erdenlebens wird abgebrochen, unser Körper versagt seinen Dienst, unsere Seele bliebe unbehaust zurück – wenn wir nicht wüssten, dass Gott für uns ein neues Haus in seiner Ewigkeit bereithält. Da wird, so Paulus, unsere Seele einen neuen, verklärten Leib bekommen. Eine körperlose Seele kennt das Neue Testament nicht. Der Körper ist ja die „sichtbare Seele".

Weiter vergleicht Paulus unseren Körper und unser irdisches Leben mit einem Gewand. Die Kleidung ist uns noch näher als die Wohnung. Unsere Kleidung drückt unsere Lebensauffassung und unsere Stellung in der Gesellschaft aus. Früher musste man im Alltag oder am Feiertag ganz bestimmte Kleider tragen. Vornehme Herrschaften erkannte man an ihren Kleidern. Heute ist die Kleidung persönlicher, auch wenn es in Banken und Betrieben eine ungeschriebene Kleiderordnung gibt. Kleider schützen uns vor den Unbilden der Witterung, schützen unsere Intimsphäre.

Paulus sagt: Wir fürchten uns davor, im Tod unbehaust und unbekleidet zu sein. Wir warten darauf, mit unserer himmlischen Behausung überkleidet zu werden – hier verbindet er die beiden Vergleiche von Haus und Kleidung: *„...damit das Sterbliche verschlungen werde von dem Leben"*. Gott lässt uns nicht unbehaust und unbekleidet. Er gibt uns eine neue, herrliche Gestalt. Das ist Auferstehung.

Woran kann dieser Glaube sich halten? Paulus sagt: Der Anfang des neuen Lebens ist schon mitten in unserem diesseitigen Dasein gemacht. Der Apostel spricht vom äußeren und vom inneren Menschen. Solange unsere körperlichen und geistigen Kräfte wachsen, bemerken wir kaum, dass da noch etwas anderes in uns lebt – das, was als der „innere Mensch" bezeichnet wird. Wir sind meist zufrieden, wenn Leib und Seele gesund und leistungsfähig sind. Wenn aber unsere körperlichen und geistigen Fähigkeiten durch Krankheit oder Unglück beschädigt werden oder im Alter nachlassen, dann zeigt sich, ob unser innerer Mensch in uns hat leben und sich entwickeln können. *„Wenn auch unser äußerer Mensch verfällt, so wird doch der innere von Tag zu Tag erneuert"*. Oft scheint gerade bei kranken und gebrechlichen Menschen der innere Mensch besonders deutlich durch den äußeren hindurch.

Wir sprechen von der zukünftigen Herrlichkeit, die Gott uns verheißen hat. Diese himmlische Herrlichkeit soll nicht die irdische verdunkeln: die Schönheit der Natur, das Wunder des Lebens, der Reichtum der Evolution, in der Gott unsichtbar wirkt. Wir sind „zu Gast auf einem schönen Stern", so ein Buchtitel des Theologen Helmut Thielicke. Es ist wichtig, dass wir uns an unserem Leben freuen können, auch an unseren Häusern, Wohnungen, Kleidern. Wir machen die himmlische Herrlichkeit nicht größer, indem wir die irdische verachten. Es ist etwas Schönes, wenn wir uns in unserem irdischen Leben an einem Ort und in einer Gegend zu Hause fühlen können.

Ganz zuhause werden wir freilich nie sein. Wenn wir tief in uns hinein horchen, dann spüren wir in uns die Sehnsucht, die unsere schwäbischen Väter das „heilige Heimweh" nannten. Unsere Häuser und Wohnungen sind nur Herbergen auf Zeit. Wir müssen sie, samt allem was darin ist, zurücklassen, wenn Gott uns das Zeichen zum Aufbruch gibt in seine neue Welt und uns mit seiner göttlichen Herrlichkeit bekleidet.

Paulus – Mensch zwischen Gott und Satan
2. Korinther 12, 1-10

Gerühmt muss werden; wenn es auch nichts nützt, so will ich doch auf die Erscheinungen und Offenbarungen des Herrn kommen. Ich kenne einen Menschen in Christus; vor vierzehn Jahren – ist er im Leib gewesen? Ich weiß es nicht; oder ist er außer dem Leib gewesen? Ich weiß es auch nicht; Gott weiß es -, da wurde derselbe entrückt bis in den dritten Himmel. Und ich kenne denselben Menschen – ob er im Leib oder außer dem Leib gewesen ist, weiß ich nicht; Gott weiß es -, der wurde entrückt in das Paradies und hörte unaussprechliche Worte, die kein Mensch sagen kann. Für denselben will ich mich rühmen; für mich selbst aber will ich mich nicht rühmen, außer meiner Schwachheit. Und wenn ich mich rühmen wollte, wäre ich nicht töricht: denn ich würde die Wahrheit sagen. Ich enthalte mich aber dessen, damit nicht jemand mich höher achte, als er an mir sieht oder von mir hört. Und damit ich mich wegen der hohen Offenbarungen nicht überhebe, ist mir gegeben ein Pfahl im Fleisch, nämlich des Satans Engel, der mich mit Fäusten schlagen soll, damit ich mich nicht überhebe. Seinetwegen habe ich dreimal zum Herrn gefleht, dass er von mir weiche. Und er hat zu mir gesagt: Lass dir an meiner Gnade genügen: denn meine Kraft ist in den Schwachen mächtig. Darum will ich mich am allerliebsten rühmen meiner Schwachheit, damit die Kraft Christi bei mir wohne. Darum bin ich guten Mutes in Schwachheit, in Misshandlungen, in Nöten, in Verfolgungen und Ängsten, um Christi willen; denn wenn ich schwach bin, so bin ich stark.

Der Apostel Paulus nimmt uns mit auf eine Reise. Es ist freilich nicht eine seiner berühmten Missionsreisen, die die meisten von uns schon aus dem Religionsunterricht kennen. Es ist eine atemberaubende Reise auf den hohen Gipfel einer Gottesbegegnung, und es folgt der Absturz in die Tiefe, in die Hände Satans.

Da wird man richtig froh und dankbar für ein normales, im Gleichgewicht befindliches Leben, wo man im Reinen mit sich selbst ist – so werden die meisten von uns reagieren. Manche freilich werden beim Zuhören gedacht haben: Oh, das kommt mir von mir selbst bekannt vor. Ich leide unter dem Wechsel zwischen Höhen und Tiefen, zwischen Gottes-Nähe und Gottes-Ferne. Ich habe oft genug Gott darum gebeten, mich vor allem von diesen Abstürzen zu erlösen – andererseits möchte ich dieses starke innere Erleben nicht gegen ein mittelmäßig, „sturmfreies" Leben eintauschen.

„Wenn du nichts zu sagen weißt, dann erzähle deine Geschichte", so sagt man unter Evangelisten und Missionspredigern. Natürlich geht es dabei nicht um irgendwelche Lebensdaten, sondern um geistliche Grunderlebnisse: Erweckung aus einem gottfernen Leben, Sündenerkenntnis, Bekehrung zu Jesus und Entschluss zur Nachfolge. Die Schilderung der geistlichen Entwicklung soll in den Zuhörern ein ähnliches Erleben wachrufen.

Paulus redet über sein Erlebnis bestimmt nicht, weil ihm sonst nichts mehr einfällt. Es geht ihm auch nicht darum, bei seinen Lesern ähnliche Erlebnisse wachzurufen. Normalerweise hätte er über sein Erleben gar nicht gesprochen. Aber er steht unter großem inneren Druck, er fühlt sich in die Enge getrieben von seiner Lieblingsgemeinde, der Gemeinde in Korinth. Er schreibt im Zorn nach dorthin. Er hat in Korinth soviel gepredigt, hat die Gemeinde gegründet und geordnet, bevor er seine Missionsreise fortsetzte. Und nun bestreiten selbst ernannte Apostel seine Autorität, verleumden ihn und setzen ihn herab. Das ist Paulus offenbar zugetragen worden. Eigentlich wollte er nach Korinth reisen, hat es sich dann wieder anders überlegt. Er will lieber einen Brief schreiben, damit die Korinther die Vorgänge bereinigen können, bevor er dann wieder persönlich kommt. Rückblickend sagt er: *"Ich schrieb euch aus großer Trübsal und Angst des Herzens unter vielen Tränen."* (2. Kor. 2, 4). Tatsächlich schreibt er einen, sagen wir es ruhig, bitterbösen Brief. Dieser Brief ist uns in 2. Korinther 10 bis 13 erhalten (unser vorliegender 2. Korinther-Brief ist also aus zwei verschiedenen Briefen zusammengesetzt worden: In den Kapiteln 10-13 finden wir den früheren, im Zorn geschriebenen Brief; der später geschriebene Brief, der sich auf den früheren bezieht, steht in den Kapiteln 1-9).

Paulus schreibt also im Zorn. Seine Konkurrenten in Korinth nennt er *„falsche Apostel, betrügerische Arbeiter"*. Das Schlimmste an ihnen ist, dass sie ihn in diese Situation des Wettbewerbs um die Gunst der Gemeinde bringen, denn nun muss er sich selbst rühmen, sein geistliches Potential präsentieren – und die Mitte seiner Verkündigung ist doch die Rechtfertigung aus Glauben, die jeden Selbstruhm ausschließt! Aber die Korinther zwingen ihm diese Torheit auf, und so will er in Torheit reden. In diesem Zusammenhang kommt er auf sein innerstes Erleben zu sprechen.

Zunächst schildert er ein Erlebnis der Entrückung. Lesen wir es noch einmal: *„Ich kenne einen Menschen in Christus; vor vierzehn Jahren – ist er im Leib gewesen? Ich weiß es nicht; oder ist er außer dem Leib ge-*

wesen? Ich weiß es auch nicht; Gott weiß es –, da
wurde derselbe entrückt bis in den dritten Himmel
[...] in das Paradies und hörte unaussprechliche Wor-
te, die kein Mensch sagen kann. Für denselben will ich
mich rühmen; für mich selber aber will ich mich nicht
rühmen, außer meiner Schwachheit."

Paulus erzählt das Erlebnis und lässt zwei wichtige
Fragen offen. Einmal: War er es oder einer, den er nur
kennt? Und: War er (oder der andere) im Leib oder
außerhalb des Leibes?

Zur ersten Frage: Es kann kein Zweifel daran bestehen, dass Paulus von sich selber spricht und nicht von
einem Bekannten. Aber warum dann diese Ausdrucksweise: „Ich kenne einen Menschen"? Paulus weiß, dass
die unmittelbare Erfahrung Gottes einen anderen Menschen aus uns machen kann. Da kann eine Seite unserer Persönlichkeit zum Vorschein kommen die wir noch
gar nicht kannten und die wir auch nicht ohne weiteres
mit unserem alltäglichen Ich zur Deckung bringen können. „Ich – ein Anderer", so kennzeichnet der pro-
testantische französische Philosoph Paul Ricoeur diese
Selbst-Erfahrung. Ich – ein Anderer, weil Gott ein ganz
Anderer ist. Paulus kann diese verklärte, vergöttlichte
Seite seiner Persönlichkeit nicht einfach unter seinem
normalen Ich verbuchen. Er hat in gewissem Sinn die
Erfahrung gemacht, so etwas wie eine multiple Persönlichkeit zu sein. Verständlich, dass er nur in der äußers-
ten Bedrängnis davon spricht!

Nun die zweite Frage: War Paulus während dieses
Gotteserlebnisses im Leib oder außerhalb des Leibes?
Man spricht ja von Ekstase, wenn es um Erlebnisse wie
das des Paulus geht, Ek-stase bedeutet „draußen stehen", neben sich stehen. Hier verschwindet unser

normales Ich, überwältigt von der göttlichen – oder auch satanischen – Macht. Ob man da „bei sich" ist oder „außer sich", wie wir ja auch sagen, das kann man wirklich offen lassen, wie Paulus es tut.

Und nun die andere Seite: „*Damit ich mich wegen der hohen Offenbarungen nicht überhebe, ist mir gegeben ein Pfahl im Fleisch, nämlich des Satans Engel, der mich mit Fäusten schlagen soll, damit ich mich nicht überhebe.*" Paulus meint offensichtlich eine Behinderung oder Krankheit, er spricht aber nicht näher davon. Vermutlich war diese Behinderung oder Krankheit gar nicht zu übersehen, die Korinther wussten darüber Bescheid (und fanden darin ein weiteres Argument, um Paulus herabzusetzen). Mediziner vermuten epileptische Anfälle, die ja gelegentlich mit ekstatischen Erlebnissen verbunden sind, die aber auf die Zuschauenden eine verstörende Wirkung haben. Aber das muss offen bleiben.

In diesem Teil des Berichts redet Paulus ohne Vorbehalt von „Ich", und er ist gewiss nicht außer seiner selbst, sein Körper ist es ja, mit dem ihm diese Last auferlegt ist. Diese Last kommt von Gott und hat einen bestimmten Zweck: Paulus soll nicht überheblich werden. Er hat eine so herausragende Stellung in der frühen Christenheit, dass er darüber überheblich hätte werden können, wenn ihm nicht diese körperliche Last auferlegt wäre, die ihn unten auf dem Boden der Tatsachen festhält.

Paulus spricht vom „*Engel des Satans, der ihn mit Fäusten schlagen soll*". Der Satan ist in der Bibel nicht immer der absolut Böse. Er ist auch so etwas wie Gottes Staatsanwalt, der die Frommen verklagt, wie einst den Hiob, und dann – mit Gottes Zulassung – Strafen durchführt. Paulus hat das nicht gleich eingesehen. Er war doch so hochbegabt und gebildet, er hatte doch für seine frühere Christus-Feindschaft Buße getan, er war doch das auserwählte Werkzeug, um das Evangelium unter die Völker der ganzen bewohnten Welt zu bringen. Er war bei seinen Missionsreisen Anfeindungen und Verfolgungen ausgesetzt, sein Leben war schon mühsam genug, da musste er ja wohl nicht auch noch die Last dieser Krankheit, dieser Behinderung mitschleppen. Paulus hat dreimal darum gebetet, dass der Satansengel von ihm weichen solle. Die Antwort Gottes wird Paulus gar nicht geschmeckt haben. Anstatt ihn von der Last zu befreien, sagt ihm Gott: *„Lass dir an meiner Gnade genügen, denn meine Kraft ist in den Schwachen mächtig."*

Jetzt mögen manche denken: Soll ich diese Erklärung des Leidens auf mich beziehen? Muss ich, muss mein Familienangehöriges, meine Freundin oder Bekannte, so viel leiden, damit ich oder sie nicht überheblich werden? Das kann nicht gemeint sein. Paulus war, wir sagten es, eine außergewöhnliche Persönlichkeit, und im Rahmen dieser Persönlichkeit hatte das Krankheitsleiden seinen festen Platz. Man kann die Frage, welchen Sinn Leiden hat, nicht pauschal beantworten. Die folgenden Überlegungen sollen lediglich das eigene Nachdenken über unser Leiden anregen.

Paulus geht bewusst nicht den Weg der antiken Philosophen. Vor allem die sogenannten Stoiker zogen sich innerlich aus ihrem Körper zurück. Sie übten sich darin, ihre Seelenruhe zu bewahren, wenn ihrem Körper durch Krankheit, Schicksalsschläge oder Feinde Schmerz zugefügt wurde. Für Paulus hingegen war das körperliche Leben genau so ein Leben mit Gott wie das geistig-seelische. Sein kranker Körper hielt ihn fest auf Gottes Erdboden.

„*Lass dir an meiner Gnade genügen*" – mach dein Gottvertrauen nicht abhängig davon, dass du Vorteile im Diesseits und im Jenseits erwartest. Entscheidend ist, dass du dein Leben unter dem Vorzeichen der Gnade sehen kannst, dass Gottes Auge gnädig auf dir ruht. „*Meine Kraft ist in den Schwachen mächtig.*" Wenn wir uns durch unser Leiden durchkämpfen, dann tun wir das durch die Kraft, die Gott uns zufließen lässt. Oft können wir das Wirken Gottes in Krankheitszeiten viel deutlicher empfinden als in guten Tagen, in denen uns das gottgegebene Leben samt allen guten Gaben selbstverständlich wird. Wenn wir in schweren Zeiten Gottes Wirken fühlen, dann strahlt das auch nach außen. Das hat Paulus gelernt: Nicht einfach aus seinen Worten, sondern aus seiner Behinderung, seiner Schwachheit spricht Gott zu den Menschen.

Leiden gehört zum Leben, es gibt ihm Tiefe, seelisches Wachstum. Aus dem Leiden kann Kraft strömen. Leiden weist uns aber auch darauf hin, dass wir früher oder später sterben müssen. Das löst bei den meisten Menschen Angst aus. Doch die lebendige Gotteskraft, die gerade in unserem Leiden spürbar wird, ist dieselbe Kraft, durch die uns Gott in ein neues Leben bei ihm in seiner Ewigkeit führen wird. „*Wir tragen allezeit das Sterben Christi an unserem Leibe, damit auch das Leben Jesu an unserem Leibe offenbar werde. Denn wir, die wir leben, werden immerdar in den Tod gegeben um Jesu willen, damit auch das Leben Jesu offenbar werde an unserem sterblichen Fleisch*", so schreibt Paulus in 2. Kor. 4. Da scheint das Himmlische schon durch das Irdische hindurch.

„*Wenn ich schwach bin, so bin ich stark*", in diesem scheinbar paradoxen Satz fasst Paulus seine Gedanken zusammen.

Durch Tiefpunkte gewinnt das Leben an Tiefe. „Tiefe" hat dabei einen doppelten Sinn: Einmal das tiefe Tal des Leidens und der Schmerzen (*„Und ob ich schon wanderte im finstern Tal..."*; Psalm 23, 4),   zum andern die Tiefe als Gegensatz zur Oberflächlichkeit, so wie man auf einem guten Foto nicht nur Vordergrund, sondern Tiefenschärfe erwartet.

Wir können am Leid zerbrechen – wir können aber auch am Leiden wachsen. Leiden kann die Prioritäten zurechtrücken. Die Dinge, die unser Leben vordergründig ausfüllen, verkleinern sich, werden unwichtig. Andere Dinge, die nur untergründig in unserem Leben da waren, sind nun wichtig: menschliche Zuwendung, aneinander denken, Frieden schließen, sich versöhnen (lassen), beten, Gottes Nähe suchen, sich ihm anvertrauen. Das kann uns davor bewahren, bitter zu werden.

Wagen wir den Sprung ins tiefe Wasser – es wird uns wieder nach oben tragen.

Taufe – Tod – Leben
Römer 6, 3-8

Oder wisst ihr nicht, dass alle, die wir auf Christus Jesus getauft sind, die sind in seinen Tod getauft? So sind wir ja mit ihm begraben durch die Taufe in den Tod, damit, wie Christus auferweckt ist von den Toten durch die Herrlichkeit des Vaters, auch wir in einem neuen Leben wandeln. Denn wenn wir mit ihm verbunden und ihm gleich geworden sind in seinem Tod, so werden wir ihm auch in der Auferstehung gleich sein. Wir wissen ja, dass unser alter Mensch mit ihm gekreuzigt ist, damit der Leib der Sünde vernichtet werde, so dass wir hinfort der Sünde nicht dienen. Denn wer gestorben ist, der ist frei geworden von der Sünde. Sind wir aber mit Christus gestorben, so glauben wir, dass wir auch mit ihm leben werden.

Taufe und Tod

Am 6. Sonntag nach Trinitatis wird nach der Ordnung der Predigt-Texte in der EKD eine Tauf-Predigt gehalten. Normalerweise ist es schön, wenn in diesem Gottesdienst auch Taufen stattfinden. Bei einer Tauf-Predigt über Römer 6 ist es vielleicht besser, wenn keine Tauf-Familien mit kleinen Tauf-Kindern anwesend sind. Das Thema, das Paulus hier anspricht, heißt nämlich „Taufe und Tod". Könnten wir das einer Familie antun, die die Taufe ihres neugeborenen Kindes feiert?

Nicht dass die Gedanken-Verbindung von Taufe und Tod künstlich hergestellt wäre! Im Umfeld von Schwangerschaft und Geburt begegnet uns der Tod auf verschiedenste Weise. Da gibt es die tot geborenen Kinder, die Kinder, die nur eine befristete Lebensmöglichkeit haben. Bei der Geburt gibt es Risiken für Leib und Leben der Mutter. Erfreulicherweise hat die moderne Medizin Mittel gegen einen Großteil dieser Bedrohungen gefunden. Diese sind jedoch im Unterbewusstsein immer noch gegenwärtig, wenn ein Kind zur Welt gebracht wird.

Die Taufe: Danksagung und Segnung

So ist die Taufe eines kleinen Kindes so etwas wie eine Dankfeier dafür, dass Gott das Leben der Mutter und des Kindes bewahrt hat. Das gilt sicher auch dann, wenn nicht alles ganz glatt gelaufen ist oder die eine oder andere gesundheitliche Bedrohung Anlass zur Sorge gibt. Froher Dank und schmerzliche Trauer verbinden sich, wenn Zwillinge oder Drillinge geboren werden und eins der Kinder tot zur Welt kommt oder kurz nach der Geburt stirbt.

Zugleich ist die Taufe eine Segnung für das Kind, die Mutter und die ganze Familie. Wir bitten um Gottes Segen für gute und für schwere Zeiten und empfangen den Zuspruch dieses Segens.

Ob es uns Kirchenleuten gefällt oder nicht: Für einen Großteil der Tauf-Familien bedeutet die Taufe eben Danksagung und Segnung. Außerdem setzen die Tauf-Eltern ein Zeichen der Zugehörigkeit zur christlichen Kirche. Ist das alles etwa wenig? Wir sollten allerdings mehr darüber sprechen, dass dieses auch in einer Kinder-Segnung geschehen kann, wenn die Taufe auf einen späteren Zeitpunkt verschoben wird. Es ist gut, dass die Kinder-Segnung endlich auch in unserer Landeskirche angeboten wird. Dabei können schon Paten eingesetzt werden. Meist sind es bewusste Christen, die sich für die Kinder-Segnung entscheiden, weil sie sich die Taufe für das Kindes- oder Jugendalter aufbewahren möchten, damit der Täufling seine Taufe miterleben und selbst – je nach Alter mehr oder weniger bewusst – die Entscheidung für die Taufe treffen kann. Dagegen steht die Säuglingstaufe nach wie vor für den Grossteil der volkskirchlich geprägten Gemeindeglieder nicht in Frage. Sie spüren, dass es in der Taufe noch um mehr geht als um Danksagung und Segnung.

Gemeinschaft von Lebenden und Toten

Eine Kindstaufe ist in der Regel ein Familienfest, genauer gesagt, ein Fest der Großfamilie, das Kinder, Eltern, Großeltern, eventuell Urgroßeltern, Onkel und Tanten zusammenführt. Da denken wir zwangsläufig an liebe Menschen, die wir so gerne noch bei der Taufe dabeigehabt hätten und die nicht mehr unter uns sind. Wir trauern um sie, und wir wissen und glauben: Auf unsere lieben Verstorbenen, auch auf die früh verstorbenen Kinder, wie auch auf uns selbst, wartet die große Auferstehung der Toten, wartet das ewige Leben.

Zu denen, die uns vorausgegangen sind und mit denen wir im Glauben Gemeinschaft haben, gehören auch die Apostel und die Heiligen. Viele Namen, die wir unseren Kindern geben, erinnern an einen oder eine der Heiligen – Menschen, die ein Zeichen für den Glauben gesetzt haben und uns Vorbild sein können. In vielen Kirchen, vor allem in denen, die vor der Reformation entstanden sind, erinnern uns Bilder an die Heiligen.

Glaubenstaufe

In den baptistischen Kirchen wird die Glaubenstaufe geübt. Erwachsene entscheiden sich für die Taufe und bekennen damit vor der Gemeinde ihren Glauben. Heranwachsende Jugendliche sollen selbst den Augenblick erspüren, an dem sie sich für Glauben und Taufe entscheiden wollen. Wir als evangelische Landeskirche sollten das deutliche Zeichen, das damit gesetzt wird, nicht übersehen und uns fragen lassen: Welche Rolle spielt der Glaube in unserer Taufpraxis? Was bedeutet es, wenn bei der Säuglingstaufe die Eltern und Paten stellvertretend für den Täufling den Glauben bekennen? Ob da nicht allzu viel offen bleibt? Andererseits sind die Probleme bei der Glaubenstaufe auch nicht zu übersehen: Nachdenkliche Jugendliche tragen jahrelange innere Kämpfe mit sich selber aus, wann sie zur Taufe bereit sind. Oft leiden sie unter dem Erwartungsdruck ihrer Eltern und der Gemeinde. Ebenso schwierig ist es, wenn erwachsene Taufbewerber abgewiesen werden, weil ihr christlicher Bewusstseinsstand nicht den Erwartungen der Gemeinde und ihrer Leiter entspricht.

Taufe als Untertauchen

„Wir sind mit Christus begraben durch die Taufe in den Tod, damit, wie Christus auferweckt ist [...] auch wir in einem neuen Leben wandeln" – so sagt es Paulus. Taufe bedeutet eigentlich Untergetauchtwerden. In den baptistischen Kirchen werden erwachsene Täuflinge untergetaucht, nachdem sie ihren Glauben bekannt haben. In den orthodoxen Ostkirchen – in Griechenland, Russland, Serbien, Rumänien – werden auch die kleinen Kinder untergetaucht. Die Form unserer alten Taufbecken sagt uns, dass es bei uns früher genauso war. Dieses Untergetauchtwerden soll bedeuten: Der alte Mensch wird ertränkt, in den Tod gegeben, und ein neuer Mensch steigt aus dem Wasser hervor. Für den christlichen Glauben heißt das, dass wir mit Christus den Weg durch den Tod zur Auferstehung und zum neuen Leben gehen. Wir sind gestorben und begraben und stehen in einem neuen Leben mit dem auferstandenen Christus.

Mit Christus gestorben – in einem neuen Leben wandeln

Wir sind schon gestorben. Paulus sagt genauer: Wir sind für die Sünde gestorben. Nicht so wie Christus stellvertretend für unsere Sünden gestorben ist, sondern wir sind tot für die Sünde. Wir waren unter ihrer Herrschaft, waren ihr verpflichtet und sind es nicht mehr. Quer durch unser Leben zieht sich ein Schnitt: Unsere Vergangenheit gehört der Sünde, unsere Gegenwart und unsere Zukunft gehören Christus.

Unsere Gegenwart ist der Schnittpunkt, an dem Vergangenheit und Zukunft, alter und neuer Mensch, Sünde und Gnade, Tod und Auferstehung zusammentreffen.

Hier liegt die eigentliche Bedeutung der Taufe. Natürlich ist die Taufe auch eine Segnung, auch eine Feier der Großfamilie, ihr tieferer Sinn ist aber unser Sterben und Auferstehen mitten in unserem Leben. Freilich, die Taufe geschieht nur einmal, aber sie wiederholt sich an jedem Tag unseres Lebens: im Ringen zwischen dem alten und dem neuen Menschen, zwischen Sünde und Heil.

Auferstehung in der Seele

Durch die Taufe sind wir mit Christus gestorben – wie kann diese große Botschaft in unser kleines Leben hereinkommen? Dass wir leben, scheint uns selbstverständlich, Sterben kommt später, und irgendwie wird es dann weitergehen – so ist doch unsere alltägliche Lebenseinstellung. Und nun soll also ein Wunder mit uns geschehen, Christus soll in uns sterben und leben. Man kann auch sagen: Christus soll in uns geboren werden.

Was löst diese Botschaft in uns aus? Ich denke, sie trifft uns zunächst in unserer Seele. Das heißt: Christus ist auferstanden in meiner Seele, und er steht in ihr immer neu auf und ich mit ihm. Wenn mich sein Wort trifft, dann wird es hell in mir. Da wird mir erst bewusst, wie traurig, bitter, resigniert ich war. Manchmal liegen Sorgen, Angst vor Krankheit und Tod, Streit mit meinen Mitmenschen schwer auf mir, wie der Stein auf Jesu Grab. Doch da kommt der lebendige Christus und wälzt den Stein weg. Plötzlich habe ich eine andere, positivere Ausstrahlung. Das merke ich daran, dass meine Mitmenschen mir freundlicher begegnen, mir mein Strahlen zurückspiegeln. Manchmal ist es eine stille, helle Morgenstunde vor Beginn der Arbeit, die meine Seele empfänglich macht, oder eine unerwartete Begegnung, ein Gespräch, das mir noch lange zu denken gibt. Oder eben ein Gottesdienst, ein Lied, ein Bibelvers. Es ist ja so wichtig, dass unsere Seele in uns leben und atmen kann, dass wir sie nicht verkümmern lassen unter dem Druck des Alltags. Dazu hilft es, dass wir die Verbindung mit der Gemeinde, mit anderen bewussten Christen pflegen.

Auferstehung im Körper und in den Gliedmaßen

Paulus spricht ausdrücklich nicht von unserer Seele, er spricht von unserem Leib und meint damit Körper und Seele. Die Seele ist das Organ, das uns auf Gott hören lässt. Das Ziel ist jedoch, dass Christus als der Auferstandene in unserer ganzen Person zur Herrschaft kommt. Paulus formuliert es so: *„So lasst nun die Sünde nicht herrschen in eurem sterblichen Leibe, und leistet seinen Begierden keinen Gehorsam. Auch gebt nicht der Sünde eure Glieder hin als Waffen der Ungerechtigkeit, sondern gebt euch selbst Gott hin [...]*

und eure Glieder Gott als Waffen der Gerechtigkeit."
Wir werden dafür verantwortlich gemacht, dass unser
gelebtes Leben, unser Alltag die Herrschaft Christi
nachvollzieht. Es geht nicht, dass wir unsere Seele rein
bewahren und mit unserem täglichen Leben uns der
Macht der Ungerechtigkeit beugen.

Unser alter Mensch gehörte der Sünde, da haben
wir ihr gedient und waren ihr verpflichtet – können
wir diese Aussage für uns nachvollziehen? Zugegeben,
wir machen seit jeher den einen oder anderen Fehler,
haben diese und jene schlechte Angewohnheit, das war
immer so und wird im übrigen immer so bleiben. Aber
Paulus meint nicht den einen oder anderen Fleck auf
unserer weißen Weste. Er behauptet: Im Blick auf eure
Vergangenheit seid ihr der Sünde untertan gewesen
und habt euch ihr verpflichtet gefühlt.

Sünde, das ist Ungerechtigkeit unter den Menschen,
Abhängigkeit von Unrechtsstrukturen. Wenn in unserer Gesellschaft die Armen ärmer und die Reichen reicher werden, wenn Kinder und Jugendliche verwahr-
losen, dann sind wir da mit hinein verwickelt. Wir
funktionieren als Teil der Gesellschaft. Während wir
sonst unsere Freiheit betont beanspruchen, entschul-
digen wir unsere Teilhabe an den ungerechten Ver-
hältnissen: Da kann man ja doch nichts machen; da
sind andere verantwortlich, im Zweifelsfall die Politiker. Für uns selbst suchen wir nach dem bequemsten
Weg. Man hat doch so seine Verpflichtungen, man
kann sich doch nicht verweigern und entziehen. Im
Grunde geben wir ja zu, dass wir in Unrechtsstrukturen verwickelt sind und uns gar nicht so einfach von
ihnen lösen können. Paulus spitzt nur zu, was wir selber wissen: Hinter uns liegt ein Leben in Abhängigkeit
von der Sünde.

Das eigentlich Erstaunliche ist der Blickwinkel, unter dem Paulus unsere Gegenwart und Zukunft sieht: In der Taufe sind wir für die Sünde gestorben und leben ein neues Leben für Gott. Passen diese großen Worte wirklich zu uns? Ist das nicht eine Nummer zu groß für unser kleines Leben? Wie sollen wir das umsetzen?

Beginnen wir doch ganz einfach damit, dass wir es für möglich halten, aus einem erkannten Unrecht auszubrechen und uns für die Gerechtigkeit zu engagieren. Wenn wir es für möglich halten, dann ist das doch eine Verlockung, es auch zu tun. Dann hören wir vielleicht wirklich damit auf, uns Leuten gegenüber verpflichtet zu fühlen, die Recht in Unrecht kehren. Wir haben es dann nicht mehr nötig, im Kollegen- oder Freundeskreis wider besseres Wissen mit zu hetzen, wenn in unrechter Weise über andere Menschen oder Menschengruppen hergezogen wird. Manchmal müssten wir ja einfach nur schweigen, um unsere Missbilligung auszudrücken. Und dann kann es sein, dass eine kurze Stille eintritt und unvermutet einer der übrigen Gesprächsteilnehmer uns zustimmt.

Leben und Tod, Tod und Leben

Es geht also nicht vorrangig um die großen Augenblicke in unserem Leben, sondern um den zähen, manchmal mühseligen, manchmal fröhlichen Alltag. Und es geht um die Richtung, in der unser Leben verläuft. Wir kommen von der Auferstehung Christi her und sind selbst schon vorwegnehmend durch das Sterben hindurchgegangen. Wir sind im neuen Leben, und zugleich hängt uns das alte noch an. Wir gehen dem leiblichen Tod entgegen, aber Christus hat ihm die Macht genommen. Christus wird das neue Leben, das in uns angefangen hat, in seinem ewigen Reich vollenden.

Zum Thema: Auferstehung
– Fragen und Antworten
1. Kor. 15

Ein angehender Student der katholischen Theologie wollte 1976 mit mir einen Oster-Gottesdienst vorbereiten. Wir lasen miteinander 1. Kor. 15, N. formulierte seine Fragen, und ich versuchte, aus meiner Sicht zu antworten.

Warum soll die Auferstehung das zentrale Ereignis im Christentum sein? Was sagt Paulus dazu?

Nach allem, was wir im Neuen Testament rekonstruieren können, ist die Wiederbegegnung der Jünger mit ihrem auferstandenen Herrn das Ausgangsfaktum der christlichen Kirche. Dieses Ausgangsfaktum wurde sehr früh bekenntnismäßig formuliert. Schon Paulus hat dieses Bekenntnis angetroffen und übernommen (1. Kor. 15. 1-11). Von dieser Wiederbegegnung mit Jesus wird in allen vier Evangelien erzählt.

Die Geschichten vom leeren Grab stehen dazu in einer gewissen Spannung, sie sind ja eigentlich Geschichten der Nicht-Begegnung, die dann erst in eine Begegnung einmünden. Sie werfen zudem die Frage auf, welche Bedeutung der sterbliche Leib Jesu für die Leiblichkeit des Auferstandenen hat.

Vom Ausgangsfaktum der Auferstehung her ging man daran, das Leben des irdischen Jesus aufzuarbeiten. Jesu Mahlgemeinschaft mit den Verlorenen wurde als Herrenmahl, als Erinnerungsmahl an seinen Tod gefeiert und bald liturgisch gestaltet. Jesu Tod, zunächst ein unbegreiflicher Schock, wurde als Opfertod verstanden.

Jesu Ruf zur Umkehr wurde mit der Taufe verbunden. Die österliche Wiederbegegnung mit Jesus wurde teilweise in sein irdisches Leben zurückprojiziert, z.B. Verklärung, Einsetzung des Petrus zum Fels der Kirche, Stiftung des Abendmahls als Passah-Mahl. Das Leben und Sterben der Glaubenden wurde vom Auferstehungsglauben her gedeutet.

Was meinen die Theologen, die die Auferstehung nicht für zentral halten?

Es gibt da, vereinfacht gesagt, zwei Denkrichtungen. Den einen liegt daran, das Hauptgewicht auf den sogenannten „historischen Jesus" zu legen. Sie meinen, vom irdischen Jesus geht soviel aus, dass die Auferstehung ein weniger bedeutsames Kapitel in der frühen Glaubensgeschichte ist. Andre Theologen gehen einen großen Schritt weiter. Für sie können nur pure Fakten ein Gegenstand von historischer Wissenschaft sein. Die Auferstehung Christi löst sich auf in subjektive Erlebnisse der ersten Christen.

Was soll überhaupt die Auferstehung? Hätte für uns Menschen nicht der Opfertod Jesu als Gnadenzusage Gottes genügt?

Nicht weil Jesus besonders schwer gelitten hat – solches Leiden geschieht zu allen Zeiten – , sondern weil er als Auferstandener gegenwärtig ist, ist sein Opfertod bedeutsam für uns. In den romanischen wie in den ostkirchlich-byzantinischen Kirchen ist der auferstandene Christus als Weltenherrscher (Pantokrator) dargestellt. Seit dem Beginn der Gotik im hohen Mittelalter nimmt das Bild des Gekreuzigten (Crucifixus) die zentrale Stelle ein. Der altkirchliche Gottesdienst,

„Eucharistie" (Danksagung) genannt, wurde in der westlichen Theologie zur „unblutigen Wiederholung des Opfertodes Jesu im Messopfer". Das verstärkte noch die Tendenz, den Opfertod Christi gegenüber der Auferstehung in den Vordergrund zu rücken. Bedeutsam ist der Opfertod nur in Verbindung mit der Auferstehung.

Wie kommen die christlichen Theologen dazu zu sagen, dass durch Christus und seine Auferstehung Gott in einzigartiger Weise zur Welt gesprochen habe? Dass deshalb das Christentum die einzige Religion sei, die diese Erfahrung vermitteln könne?

Die österliche Wiederbegegnung mit Jesus hat die christliche Verkündigung in Gang gesetzt. Sie lädt zur Teilhabe an der Erfahrung ein, dass hier die Grundfragen der menschlichen Existenz beantwortet werden. Der „Absolutheitsanspruch" des Christentums ist nur sinnvoll als Ausdruck dieser Erfahrung, nicht auf einer theoretischen Ebene. Im geistlichen Ringen der Lebensdeutungen in unserer Welt muss sich die christliche Erfahrung und damit der Geltungsanspruch bewähren.

Was sagt die Geschichtsforschung zur Auferstehung?

Das kommt auf den jeweiligen Historiker und seine Denkrichtung an. Sieht man nur auf nackte Fakten, dann bleibt von der Auferstehung nichts übrig. Auch die Ostergeschichten vom leeren Grab beinhalten zwar ein solches Faktum, nämlich ein leeres Grab und einen verschwundenen Leichnam, dieses Faktum ist aber nicht historisch festzumachen. Ich glaube auch nicht, dass es in den Geschichten vom leeren Grab um eine solche Faktizität geht.

Andere Historiker sehen in der Geschichte eine Fülle geistiger Zusammenhänge, in denen auch Jenseitiges, Transzendentes mindestens aufscheinen kann. Dort wird man auch mit der Auferstehung Jesu etwas anfangen.

Gäbe es das Christentum, wenn die „suspekten" Ereignisse von damals nicht gewesen wären?

Nach allem Gesagten: Nein. Die Evangelien machen anschaulich, dass die Jünger nach der Katastrophe der Hinrichtung Jesu in ihre alte Heimat in Galiläa und ihren alten Beruf als Fischer zurückgekehrt sind. Die Jesus-Bewegung hätte sich rasch im Sand verlaufen ohne die Oster-Erfahrung.

Wie ist es mit der Streitfrage: Jesus nur Mensch, oder Gott, oder beides?

Beides. Nach dem Johannes-Evangelium, das innerhalb des Neuen Testaments die ausgereifteste Theologie enthält, nimmt der göttliche Logos in Jesus von Nazareth Fleisch an, Gott wird Mensch und bleibt doch Gott. In der alten Kirche wurde jahrhundertelang darum gekämpft, ob Jesus Gott wesensgleich oder nur wesensähnlich ist. Denkt man von der Dreifaltigkeit Gottes her – und das ist nun einmal der Kern christlicher Gotteslehre – dann ist in Christus die zweite Person des dreieinigen Gottes gegenwärtig. Das Konzil von Chalcedon hat 451 diese Glaubensüberzeugung in eine lehrhafte Form gebracht: In Christus vereinigen sich die göttliche und die menschliche Natur „unvermischt und unzertrennt".

Wie kommt Paulus zu dem Schluss: „Gibt es einen natürlichen Leib, so gibt es auch einen geistlichen Leib" (1. Kor. 15, 44)?

Dies ist eigentlich kein logischer Schluss, sondern die Anwendung einer allgemeinen Vorgabe auf einen konkreten Fall. Die allgemeine Vorgabe heißt: Es gibt hinter der sichtbaren Tatsachen-Welt eine zweite, unsichtbare Wirklichkeit. Dies ist eine Grundüberzeugung im antiken Denken, die kaum hinterfragt wird. Das muss dann, so der Schluss, auch für den menschlichen Leib gelten. Man kann sich fragen, ob man diese Grundüberzeugung teilen will. Seit dem 18. Jahrhundert gibt es einen breiten Strom des Denkens, der nur noch die empirische Tatsachenwelt gelten lassen will (Monismus, im Gegensatz zum Dualismus der sichtbaren und der geistigen Welt).

Ich denke, der Monismus ist eine künstliche Abstraktion. Monistisch lässt sich das christliche Denken nicht formulieren, es enthält die Voraussetzung, dass es eine geistige Welt gibt. In 1. Korinther 15, 35-49 dekliniert Paulus das durch sein ganzes Denken durch.

Wie können die Kirche und die Theologen eine zuverlässige Antwort auf die Frage nach unserer Zukunft nach dem Tod geben?

Eine zuverlässige Antwort im Sinne eines Tatsachenbeweises gibt es nicht, so wenig wie es für die Auferstehung Christi einen solchen Beweis gibt. In der zweiten Schöpfungsgeschichte 1. Mose 2 schafft Gott den Menschen, indem er dem aus Ackererde gebildeten Körper seinen Lebensatem, seinen Geist einhaucht. „Atem" und „Geist" ist in den beiden biblischen Sprachen Hebräisch und Griechisch dasselbe Wort. Von daher kommt Paulus zu der Aussage, unser Körper sei ein Tempel des Heiligen Geistes. Weiter zieht Paulus den Schluss: „Wenn nun der Geist dessen, der Jesus von den Toten auferweckt hat, in euch wohnt, so wird der, der Christus von den Toten auferweckt hat, auch eure sterblichen Leiber lebendig machen durch seinen Geist, der in euch wohnt" (Römer 8,11).

Was ist mit den Menschen los, die darauf vertrauen, dass sie ihre verstorbenen Lieben „drüben" wieder „sehen" werden?

Es ist christliche Glaubensüberzeugung, dass wir durch die Taufe in eine große Gemeinschaft von Lebenden und bereits Verstorbenen aufgenommen werden. Jesus warnt aber davor, uns das wie eine Fortsetzung der irdischen Verhältnisse im Himmel vorzustellen. In Matth. 22, 23-33 wird Jesus gefragt, zu welchem Mann eine verwitwete und wiederverheiratete Frau in der Auferstehung gehören werde. Jesus antwortet: *„In der Auferstehung werden sie weder heiraten noch sich heiraten lassen, sondern sie sind wie die Engel im Himmel."*

Paulus sagt: "Was du säst, wird nicht lebendig, wenn es nicht stirbt" (1. Kor. 15, 36). Heißt das, dass wir Menschen hier auf der irdischen Welt nur sind, um zu sterben?

Ja und nein. Ja, weil wir ab unserer Zeugung und Empfängnis sterbliche Wesen sind und in einer vergänglichen Welt leben. Nein, weil wir, biblisch gesprochen, Ackererde und Gottesatem, Leib und Geist sind. Wir sind auf der Erde, um zu leben. Leben aber ist säen und ernten, gesät und geerntet werden.

Auf die Reihe gebracht

Ostern 1990

1. Kor. 15, 19-28

Hoffen wir allein in diesem Leben auf Christus, so sind wir die elendesten unter den Menschen.

Nun aber ist Christus auferstanden von den Toten als Erstling unter denen, die entschlafen sind. Denn da durch e i n e n Menschen der Tod gekommen ist, so kommt auch durch e i n e n Menschen die Auferstehung der Toten. Denn wie sie in Adam alle sterben, so werden sie in Christus alle lebendig gemacht werden. Ein jeder aber in seiner Ordnung: als Erstling Christus; danach, wenn er kommen wird, die, die Christus angehören; danach das Ende, wenn er das Reich Gott, dem Vater, übergeben wird, nachdem er alle Herrschaft und alle Macht und Gewalt vernichtet hat. Denn er muss herrschen, bis Gott ihm alle ‚Feinde unter seine Füße legt' (Psalm 110,1). Der letzte Feind, der vernichtet wird, ist der Tod. Denn ‚alles hat er unter seine Füße getan' (Psalm 8,7). Wenn es aber heißt, a l l e s sei ihm unterworfen, so ist offenbar, dass der ausgenommen ist, der ihm alles unterworfen hat. Wenn aber alles ihm untertan sein wird, dann wird auch der Sohn selbst untertan sein dem, der ihm alles unterworfen hat, damit Gott sei alles in allem.

Gott bringt die Welt wieder auf die Reihe – so banal möchte ich die Botschaft dieses Textes einmal ausdrücken. Die Welt war aus den Fugen geraten, in der Auferstehung Jesu setzt Gott einen neuen Anfang und ordnet von diesem Ausgangspunkt alles neu.

Bei der Redewendung „etwas auf die Reihe bringen" fällt uns ein Problem ein, das viele haben, wir vielleicht auch: Wie behalten wir den Überblick, wie können wir ein in sich zusammenhängendes Leben führen? In unserem Leben begegnen und überschneiden sich so viele Lebensbereiche, dass wir leicht den Überblick, den roten Faden verlieren. Da gibt es die technische Welt, in der viele von uns beruflich stehen und die unser privates Leben prägt. Da ist die Geschäftswelt mit ihren Gesetzmäßigkeiten, die sich letztendlich ums Geld drehen. Da gibt es das geradezu wuchernde Reich der Datenverarbeitung. Da ist die bunte Medien- und Freizeitwelt mit ihren eigenen Ansprüchen und Gesetzmäßigkeiten. In unserem Alltag ist es oft so, dass wir von einen Bereich zum anderen hinübergehen wie durch eine Tür in ein anderes Zimmer, wir sind abwechselnd Familien-, Berufs-, Computer- und Freizeitmensch. Wie sollen wir uns da noch als e i n e Person erleben? Wie sollen wir das alles auf die Reihe bringen?

Das meiste, wovon wir gerade sprachen, kannte der Apostel Paulus noch nicht. Sein Problem war der große Bruch in seinem Leben, der ihn vor die Frage stellte, wie er sein Leben, seine Biografie wieder auf die Reihe bringen konnte: die Bekehrung von der Feindschaft Jesus gegenüber zu einem Glauben an Jesus und zu einem Apostelamt für Jesus. Doch in der Vielfalt von Lebenswelten ähnelte das sogenannte hellenistische, spät-griechische Zeitalter, in dem Jesus und Paulus lebten, auffallend unserer Zeit. Da war die Welt, in die Paulus hineingeboren wurde: das pharisäische Judentum in seinem ständigen Umgang mit den Heiligen Schriften in hebräischer Sprache, die damals wenig gesprochen wurde – das verwandte Aramäische und das Griechische waren an ihre Stelle getreten. Das Griechische stand für die Bildung, für Philosophie und Literatur. Diese Welt hat ebenfalls in das Denken von Paulus hineingewirkt. Da war die Welt des römischen Reichs als politische, militärische und wirtschaftliche Alltagsrealität, bis hin zu dem für alle Einwohner verbindlichen Kaiserkult. Da war die Welt der Religionen mit ihrer bunten Schar der griechisch-römischen Götter und den neuen, aus dem Orient kommenden Gottheiten. Diese Religiosität war im Alltag präsent. Tierschlachtungen erfolgten im Tempel als heiliger Ritus, das Fleisch wurde dann auf dem Markt verkauft. Kein Becher Wein wurde getrunken, ohne dass man den ersten Schluck ausschüttete als Weihe-Gabe für die Götter.

Von außen gesehen, waren das Judentum, aus dem Paulus stammte, und das im Schoß des Judentums neu entstandene Christentum einfach orientalische Religionen, die auf dem religiösen Markt auftraten und ihr Angebot an Sinn-Stiftung zu platzieren suchten. Dies war mit dem Selbstverständnis der Juden und der Christen unvereinbar. Paulus wollte seinen Hörern und Lesern die Gewissheit vermitteln, dass der Gott Israels und Vater Jesu Christi der einzige und lebendige Gott war, inmitten einer Schar von Göttern, die allenfalls Dämonen waren, wenn nicht gleich nichts. Von diesem lebendigen Gott her war die Welt verstehbar, war „auf die Reihe zu bringen". Gott selber hatte diese Klarheit geschaffen. Er hatte seinen Sohn Jesus Christus auferweckt, ihn zum Herrn gemacht und damit einen Anfangspunkt geschaffen. Und er hatte auch den Zielpunkt markiert: Christus besiegt alle Feinde, zuletzt den Tod, und gibt dem Vater die Herrschaft zurück, *„auf dass Gott sei alles in allem"*.

Wir leben in der Zeit dazwischen. Die Auferstehung Christi liegt schon hinter uns. Im Glauben begegnet uns der lebendige Herr, er nimmt uns mit auf seinen Weg durchs Kreuz zur Auferstehung. Als Glaubende haben wir Gottes Gericht schon hinter uns. Daher lehrt Paulus – und mit ihm die Offenbarung Johannes – dass es für die, die Christus angehören, eine vorweggenommene Auferstehung gibt. Erst dann werden die übrigen Toten ins Leben zurückgerufen und vor das Jüngste Gericht gestellt.

In vielen christlichen Kreisen wird die vorweggenommene Auferstehung der Christen unter dem Begriff „Entrückung" besprochen: „...*und zuerst werden die Toten, die in Christus gestorben sind, auferstehen. Danach werden wir, die wir leben und übrig bleiben, zugleich mit ihnen entrückt werden auf den Wolken in die Luft, dem Herrn entgegen; und so werden wir bei dem Herrn sein allezeit*" (1. Thess. 4, 16b+17). Paulus hat den 1. Thessalonicher-Brief früher als den 1. Korinther-Brief geschrieben. Dort spricht er von vorweggenommener Auferstehung und von Verwandlung. Im Grunde wechselt er die Bildersprache, meint aber dasselbe.

Und wir selbst? Werden wir, am Gericht vorbei, ins ewige Leben kommen, oder werden wir vor dem Richter stehen?

Ich denke, dass wir an beiden Auferstehungen Anteil haben werden. In uns lebt der neue Mensch, gerechtfertigt aus dem Glauben, er hat Gottes Gericht schon hinter sich, da Jesus stellvertretend für ihn gestorben ist. Zugleich sind wir noch der alte Mensch, der aus eigener Gerechtigkeit leben will und damit dem Jüngsten Gericht unterworfen bleibt.

Wenn wir das Osterfest feiern, möchte es uns diesen Weg von der schon geschehenen zur noch ausstehenden Auferstehung bewusst machen. Wir sind neu eingeladen, Jesus Christus als unseren lebendigen Herrn anzuerkennen und seinen Weg mit zu gehen. Es ist – vor und nach unserem leiblichen Tod – ein Weg, der eine klare Richtung hat und nicht ein ewiger Kreislauf.

Wir sollten uns bewusst machen, wie stark unsere Art, Ostern zu feiern, in das Erleben der Natur mit ihrem Kreislauf einbezogen ist. In unserer Klimazone ist der November die Zeit, in der das Sterben und Vergehen auf uns lastet, Ostern ist das Fest einer alljährlich wiederkehrenden Auferstehung, ein Frühlingsfest. Karfreitag, einst ein Haupttermin protestantischer Frömmigkeit, entschwindet uns – schließlich feiert man da ja schon seit Wochen „Frohe Ostern". Sicher, unser Körper und mit ihm unsere Seele unterliegen dem Kreislauf der Jahreszeiten, ebenso dem Kreislauf von Sterben und Geborenwerden. Da sind wir ein Teil der Natur und sollen das auch bejahen. Die Religionen der Antike bildeten weithin diesen Kreislauf von Werden, Vergehen und Neuwerden ab. Das Neue Testament setzt sich davon sehr bewusst ab: Im Glauben sind wir mit auf dem großen Weg, der einen Anfang und ein Ziel hat.

Haben wir unser Leben auf der Reihe? Das wechselt von Jahr zu Jahr. Einmal haben wir es – dann geschieht etwas Unerwartetes und wirft uns aus der Bahn. Aber wir haben unseren Platz in der großen, langen Reihe Gottes. Er bringt zusammen, was bei uns Bruchstück geblieben ist. Gehen wir ihm entschlossen entgegen!

„Damit Gott sei alles in allem"
Ostern 1984
1. Kor. 15. 19-28

Hoffen wir allein in diesem Leben auf Christus, so sind wir die elendesten unter allen Menschen. Nun aber ist Christus auferstanden von den Toten als Erstling unter denen, die entschlafen sind. Denn da durch e i n e n Menschen der Tod gekommen ist, so kommt auch durch e i n e n Menschen die Auferstehung der Toten. Denn wie sie in Adam alle sterben, so werden sie in Christus alle lebendig gemacht werden. Ein jeder aber in seiner Ordnung: als Erstling Christus; danach, wenn er kommen wird, die, die Christus angehören; danach das Ende, wenn er das Reich Gott, dem Vater, übergeben wird, nachdem er alle Herrschaft und alle Macht und Gewalt vernichtet hat. Denn er muss herrschen, bis Gott ihm ‚alle Feinde unter seine Füße legt' (Psalm 110,1). Der letzte Feind, der vernichtet wird, ist der Tod. Denn ‚alles hat er unter seine Füße getan' (Psalm 8,7). Wenn es aber heißt, a l l e s sei ihm unterworfen, so ist offenbar, dass der ausgenommen ist, der ihm alles unterworfen hat. Wenn aber alles ihm untertan sein wird, dann wird auch der Sohn selbst untertan sein dem, der ihm alles unterworfen hat, damit Gott sei alles in allem.

Ein zweiter Blick auf den selben Text, ein Text, der zielstrebig auf seinen letzten Satz zustrebt: „Gott alles in allem". Am Ende der Tage soll es also keine Herrschaft, keine Gewalt, keine Unterdrückung mehr geben. Alleine durch die Gottesfülle wird alles in Frieden, im Glück, in Freude sein.

So also kann die Welt sein – und so ist sie jetzt eben nicht! Wir kennen diese Welt so, dass Menschen einander beherrschen, unterdrücken, ausbeuten, einander das Leben zur Hölle machen. „Die Hölle, das sind die andern", sagt Jean Paul Sartre treffend. Menschen können ihr Leben nicht so entfalten, wie es ihnen von ihrem Schöpfer und Herrn eigentlich mitgegeben ist. Bertolt Brecht fragt: „Gibt es ein Leben vor dem Tod?"

Paulus widerspricht dieser Sicht unserer gegenwärtigen Lage nicht. Aber er setzt eine kraftvolle Botschaft dagegen: *„Christus ist auferstanden von den Toten. Er ist lebendig erschienen dem Petrus, den zwölf Jüngern, dann fünfhundert Geschwistern auf einmal, dann Jakobus* (seinem leiblichen Bruder). *Danach allen Aposteln"* – und dann, vor Damaskus, dem Paulus selbst (vgl. 1. Kor. 15, 4b-8).

Was bedeuten diese Erlebnisse einer Begegnung mit dem Auferstandenen? Nun, immerhin haben die Jünger, die sich nach Jesu Tod zerstreut hatten, sich wieder gesammelt und Jesu Botschaft weitergetragen. Ohne das gäbe es kein Christentum, keinen christlichen Glauben. Wir würden nicht im Gottesdienst sitzen und Ostern feiern, wenn nicht die Apostel den lebendigen Christus erlebt und seine Botschaft weitergetragen hätten.

Aber wenn das Ostergeschehen das Christentum hat entstehen lassen, so fragen wir uns: Ist diese Geschichte des Christentums wirklich eine Geschichte von Frieden, Seligkeit und einem erfüllten Leben? Sind wir Christen nicht hinein verstrickt in viel Herrschaft von Menschen über Menschen, in viel Finsternis, viel Aberglauben? Kreuzzüge, Zwangsmissionierung, Hexenverbrennungen sind nur einige besonders krasse Beispiele dafür, wie hier Gutes und Böses, Leben und Tod miteinander verwoben sind.

Paulus blickt natürlich nicht auf eine lange Geschichte der Kirche zurück, er steht ja ganz an deren Anfang. Er sieht in unserem Leben zwei Kraftfelder wirken: *„Da durch einen Menschen der Tod gekommen ist, so kommt auch durch einen Menschen die Auferstehung der Toten. Denn wie sie in Adam alle sterben, so werden sie in Christus alle lebendig gemacht werden."*

Paulus setzt offenbar voraus, dass der Mensch erst durch die Verfehlung sterblich geworden ist. Darin kann ich ihm nicht folgen. Ich denke, die Schöpfungsgeschichte spricht von Anfang an von einem irdischen, von Natur aus sterblichen Wesen, „Adam" ist eigentlich nicht der Eigenname des ersten Menschen, das Wort bedeutet „rot" und meint die rotbraune Ackererde, von der der Mensch genommen ist, ein Ausdruck für den aus Erde und Gottesgeist geschaffenen Menschen. Nimmt Gott seinen Lebensatem zurück, wird der Mensch wieder zu Erde.

Wenn von Adam her alle Menschen dem Tod unterworfen sind, dann hat das eine mehrfache Bedeutung: Einmal, dass der Mensch seiner Natur nach sterblich ist. Theoretisch könnte der Mensch sich damit abfinden, Teil der Natur zu sein, mit ihrem Kommen und Gehen. Aber wir akzeptieren diese Grundtatsache eigentlich erst richtig, wenn uns die Welt nichts anderes mehr zu bieten hat als Leiden und Sterben. Vorher sind wir damit beschäftigt, dem Tod davonzulaufen, oder wir wollen ihn besiegen in einem Kampf, den wir letzten Endes nur verlieren können.

Dabei werden wir selbst zu Gehilfen des Todes. Sigmund Freud spricht vom Todestrieb in uns. Indem wir vor dem natürlichen Tod wegrennen, arbeiten wir dem unnatürlichen in die Hände. All das Herrschen, Bekriegen, Zerstören in unserer Menschenwelt kommt aus diesem Todestrieb. Mitten in unserem Leben verfallen wir dem, was das Neue Testament den „zweiten Tod" nennt, der dunklen Macht der Zerstörung, der Lebensfeindlichkeit, die uns zu ihren Dienern und Vollstreckern macht und in den ewigen Tod führt. „Es lebe der Tod!", brüllten die spanischen Faschisten, und die deutsche SS hatte den Totenkopf auf ihren Mützen.

Paulus sagt: Der letzte Feind, den Christus besiegen muss, ist der Tod. Er ist also die größte Macht, der wir als Kinder dieser Welt ausgesetzt sind.

Vor diesem düsteren Hintergrund bekommt die positive Botschaft des Paulus ihr ganzes Gewicht: *„Wie in Adam alle sterben, so werden sie in Christus alle lebendig gemacht werden."* Lebendig gemacht werden wir nicht erst jenseits unseres natürlichen Todes, sondern schon im Leben vor dem Tod. Führen wir unser Leben im Kraftfeld Christi, dann kommen wir aus dem Bannkreis des Todestriebs heraus und können das Leben bejahen, so unvollkommen, vergänglich, sterblich es ist.

Die Frage ist nun freilich nicht mehr: Wie schlecht ist diese Welt? Sondern: Wo stehe ich mit meinem Leben? Treibt mich die Lebensgier, die eine Form des Todestriebes ist, oder treibt mich der Geist Christi?

Beim Lesen des Textes fällt einem wohl die kämpferische, kriegerische Sprache dieser Sätze auf: *„Am Ende wird Christus das Reich Gott dem Vater übergeben, nachdem er alle Herrschaft und alle Macht und Gewalt vernichtet hat. Denn er muss herrschen, bis Gott ihm alle Feinde unter seine Füße legt."* Achten wir auf die zeitliche Zuordnung: Christus herrscht, solange die Feinde noch nicht besiegt sind. Dann, am Ende der Zeiten gibt Christus seine Herrschaft an Gott zurück. Herrschen muss er, weil sonst andere Mächte das Ruder übernehmen, die Mächte des Todes und der Zerstörung.

Freuen wir uns darüber, dass Christus herrscht? Wollen wir gerne zuschauen, wenn die bösen Mächte vernichtet werden? Dann haben wir das für uns Wichtigste übersehen: Wir sind im Ringen zwischen Gut und Böse, Todesmacht und Lebensmacht, keine unbeteiligten Zuschauer, sondern Beteiligte. Die Herrschaft Christi muss bei mir anfangen, er muss mich aus dem Kraftfeld des Todes hinüber in das Kraftfeld seines Lebens holen und dort festhalten.

Manchmal trauen wir es Christus nicht zu, dass er es in dieser Welt wirklich schafft, dann wollen wir an seiner Stelle kämpfen – und geraten unversehens immer tiefer hinein in das Kraftfeld des Bösen.

Manchmal sind wir uns sicher, dass Christus und nur er in unserem Leben herrscht. Dann verfallen wir der Selbstgenügsamkeit, der Hartherzigkeit, der Selbstgerechtigkeit und Selbstgefälligkeit – Gift für unsere Beziehung zu Gott und den Mitmenschen. Wie schnell sind wir dabei, unsere Lebenswelt als ein „Reich des Guten" anzusehen und andere in ein „Reich des Bösen" zu verbannen, das wir dann mit beliebigen Mitteln bekämpfen können.

Solange wir in diesem Leben sind, muss Christus für uns, mit und um uns und manchmal auch gegen uns kämpfen, wird unser „alter Adam" uns anhängen. Doch der Kampf ist in Wahrheit schon entschieden. In seiner Auferstehung ist Christus „der Erstling geworden derer, die da schlafen". Der Ausdruck „Erstling" stammt aus der antiken Landwirtschaft, er bezeichnet die erste Garbe, die man beim Beginn der Ernte ins Haus Gottes trägt, um Gott zu danken und um seinen Segen für die ganze Ernte zu bitten. Gottes Ernte hat also schon begonnen, der lebendige Christus ist selber „Herr der Ernte" (Matth. 9, 38). Auch der Kampf gegen den Tod ist eigentlich schon entschieden. Der Tod hat seine zerstörerische Macht schon verloren. Bis er ganz besiegt ist, muss Christus Herrscher bleiben. Erst am Ende der Tage gibt Christus die Herrschaft Gott zurück. Damit ist jede Herrschaft beendet, alles ist in Gott und Gott in allem.

„Jedem seinen eigenen Körper"

1. Kor. 15, 35 – 49

Es könnte aber jemand fragen: Wie werden die Toten auferstehen, und mit was für einem Leib werden sie kommen? Du Narr: Was du säst, wird nicht lebendig, wenn es nicht stirbt. Und was du säst, ist ja nicht der Leib, der werden soll, sondern ein bloßes Korn, sei es von Weizen oder etwas anderem. Gott aber gibt ihm einen Leib, wie er will, einem jeden Samen seinen eigenen Leib. Nicht alles Fleisch ist das gleiche Fleisch, sondern ein anderes Fleisch haben die Menschen, ein anderes das Vieh, ein anderes die Vögel, ein anderes die Fische. Und es gibt himmlische Körper und irdische Körper; aber eine andere Herrlichkeit haben die himmlischen und eine andere die irdischen. Einen anderen Glanz hat die Sonne, einen anderen Glanz hat der Mond, einen anderen Glanz haben die Sterne; denn ein Stern unterscheidet sich vom anderen durch seinen Glanz. So auch die Auferstehung der Toten. Es wird gesät verweslich und wird auferstehen unverweslich. Es wird gesät in Niedrigkeit und wird auferstehen in Herrlichkeit. Es wird gesät in Armseligkeit und wird auferstehen in Kraft. Es wird gesät ein natürlicher Leib und wird auferstehen ein geistlicher Leib. Gibt es einen natürlichen Leib, so gibt es auch einen geistlichen Leib. Wie geschrieben steht: Der erste Mensch, Adam, 'wurde zu einem lebendigen Wesen' (1. Mose 2, 7), und der letzte Adam zum Geist, der lebendig macht. Aber der geistliche Leib ist nicht der erste, sondern der natürliche; danach der geistliche. Der erste Mensch ist von der Erde und irdisch; der zweite Mensch ist vom Himmel. Wie der irdische ist, so sind auch die irdischen; und wie der himmlische ist, so sind auch die himmlischen. Und wie wir getragen haben das Bild des irdischen, so werden wir auch tragen das Bild des himmlischen.

Wie werden die Toten auferstehen, und mit was für einem Leib werden sie kommen? Wir hören einen kritisch-skeptischen Unterton heraus aus dieser Frage. Würde man uns diese Frage stellen, brächte man uns wahrscheinlich in Verlegenheit. Vor Jahrzehnten hatten wir vielleicht noch das Bild im Kopf: Wir betten die Toten in die Erde, dort schlafen sie und werden am Jüngsten Tag durch Gott auferweckt, so wie Gott seinen Sohn Jesus Christus nach drei Tagen aus dem Grab auferweckt und das Grab leer zurückgelassen hat.

Inzwischen hat sich die Feuerbestattung als Alternative zur Erdbestattung durchgesetzt. Wir betten keinen Leib mehr ins Grab, wir lassen ihn im Feuer vergehen, so wie ja in Wahrheit die Toten in der Erde auch vergehen, bis ihr Grab mit einem neuen Toten belegt wird. Unser inneres Bild vom schlafenden Toten, der aus seinem Grab heraus in ein neues Lebe gerufen wird, zerrinnt uns. Wir müssen uns etwas anderes vorstellen, etwa, dass die Seele im Tod den vergänglichen Körper verlässt und in die Ewigkeit eingeht. Man könnte ja auch auf jede Vorstellung verzichten, das wäre der Sache vielleicht angemessen, aber in unserem Kopf bilden sich fast automatisch Vorstellungen, und so bleibt die Aufgabe, zu prüfen, ob die Bilder in unseren Köpfen der Wahrheit dienen oder ihr im Weg stehen.

„Mit was für einem Leib werden sie kommen?", so formuliert Paulus die Frage, die ihm seine Zuhörer bzw. Briefpartner gestellt haben. Möglicherweise ist es auch eine rhetorische Frage, die Paulus selbst stellt,

um seine Darlegung einen Schritt weiter zu führen. *„Was für ein Leib?"* – diese Fragestellung zielt auf etwas Gegenständliches, ein Leib ist auf jeden Fall etwas Sichtbares, Vorstellbares, und die Vorstellung eines Körpers geht zwangsläufig von der Erfahrung des eigenen Körpers aus. Kehren wir mit dieser Formulierung der Frage in die alte Vorstellung von der Wiederbelebung unseres irdischen Körpers zurück?

Paulus setzt an dieser Stelle ein Stopp-Signal: *„Du Narr! Was du säst, wird nicht lebendig, wenn es nicht stirbt. Und was du säst, ist ja nicht der Leib, der werden soll, sondern ein bloßes Korn, sei es vom Weizen oder etwas anderem. Gott aber gibt ihm einen Leib, wie er will, einem jeden Samen seinen eigenen Leib."* Hier verbinden sich zwei Aussagen: Gott gibt in der Auferstehung einen Leib, eine körperliche Gestalt. Und: Diesen neuen Leib können wir uns nicht vorstellen. Beide Aussagen werden untermauert durch das anschauliche Bild vom Samenkorn und der fertigen Pflanze.

Es ist doch eigentlich ganz einfach, sagt Paulus. Nehmt ein Weizenkorn in die Hand und betrachtet es! Seht ihr da etwas von einem Halm, einer Ähre? Natürlich nicht! Mag auch die Verwandlung des Korns in eine Pflanze biologisch erklärbar sein – sie bleibt ein Wunder des lebenschaffenden Gottes, dessen schöpferische Kraft im Verborgenen wirkt und durch den Tod hindurch neues Leben entstehen lässt.

Dieses neue Leben hat eine leibliche Gestalt. Für Paulus gibt es keine Seele ohne Körper. Die Seele ist die Innenseite, der Körper die Außenseite des Menschen, beides zusammen ist ein Gefäß des Geistes, des Lebensatems Gottes. „Leiblich" heißt aber nicht vorstellbar, so wenig wie man sich die Weizenpflanze vorstellen kann, wenn man nur das Samenkorn kennt.

Paulus bezieht sich ausdrücklich auf die Schöpfungsgeschichten am Anfang der Bibel. Da schafft Gott einen Körper aus Ackererde und bläst ihm seinen Atem ein; so wird der Mensch zu einer lebendigen Seele. Gott schafft Landtiere, Vögel, Fische. Er ruft Sonne, Mond und Sterne ins Dasein, und jedem Geschaffenen gibt er seinen eigenen, von allen anderen verschiedenen Körper, *„einen jeden nach seiner Art"*, wie es in der ersten Schöpfungsgeschichte heißt.

Speziell die erste Schöpfungsgeschichte schildert durchgehend, wie Gott der ungeformten Materie, die schon da ist, eine Gestalt gibt. Er schafft nicht aus dem Nichts, er trennt viel mehr Tag und Nacht, Land und Meer; das Wasser über und unter dem Himmelsgewölbe. Kurz: Er schafft Gestalt, wo vorher Chaos war. Auch den Lebewesen gibt er einen Körper, *„einen jeden nach seiner Art"*. Auch bei der Erschaffung des Menschen könnte man sagen: Gott schafft sich ein Ebenbild, eine körperliche Gestalt für eine göttliche Idee. Im Grunde ist die Fleischwerdung des Wortes in Jesus Christus ein ähnlicher Vorgang: Der ewige Logos bekommt eine Gestalt, einen menschlichen Körper. Diesen Körper verliert Christus am Kreuz, doch der Auferstandene hat einen neuen Leib: Die Gemeinde, die Kirche ist jetzt „Leib Christi". Gottes Wirken ist also ein ständiges Gestalten, ist Gestaltwerdung, Verleiblichung von vorher Gestalt- und Körperlosem. Sollte er da nicht auch dem Menschen, der im Tod Körper und Gestalt verliert, einen neuen Körper geben können?

Quer durch die ganze vielfältige Schöpfung Gottes geht eine Trennlinie: das Irdische und Natürliche auf der einen Seite, das Himmlische und Geistliche auf der anderen Seite. Der erste Mensch wurde zu einem lebendigen Wesen im Sinne des natürlichen Lebens, der neue Mensch gehört auf die Seite des Geistes, der lebendig macht. Der irdische Mensch ist verweslich, niedrig, armselig; der neue Mensch ist unverweslich, herrlich, kräftig.

Paulus stellt hier das Natürliche als das Irdische dem Geistlichen als dem Himmlischen gegenüber. Der himmlische Mensch hat einen Leib, ist aber für unsere Augen, die nur das Irdische sehen, unvorstellbar. Nun muss man aber die übrigen Paulus-Texte heranziehen. Dort betont Paulus immer wieder, dass durch Christus der neue Mensch schon in uns geboren ist und lebt, dass wir eine Neuschöpfung in Christus sind und dass Gottes Heiliger Geist in uns wohnt. Und er schildert den schmerzlichen Kampf, den das Alte und das Neue in uns austragen. Unser gegenwärtiges irdisches Leben ist der Kampfplatz, auf dem der alte und der neue Mensch miteinander ringen.

„Wenn unser äußerer Mensch verfällt, so wird doch der innere von Tag zu Tag erneuert." (2. Kor. 4, 16). Als sterblich geborene Wesen kennen wir diesen Verfall von Anfang an. So lange unsere Lebenskräfte und Lebensmöglichkeiten wachsen, sind wir mit unserem äußeren Menschen oft so beschäftigt, dass wir den inneren gar nicht wahrnehmen. Wenn dann unsere Lebens- und Leistungskurve sinkt, wenn der Höhepunkt des irdischen Lebens überschritten ist, dann stellt sich deutlicher heraus, ob unser innerer, geistlicher Mensch mitgewachsen oder verkümmert ist. Im Sterben nimmt uns Gott den Körper des irdischen Menschen weg und schenkt uns einen neuen, geistlichen Leib. Trauen wir ihm zu, dass er einen neuen Anfang machen kann, wo wir nur Ende sehen, dass er vollenden wird, was er schon in uns angefangen hat.

Verwandelt werden

Ostern 1988
1. Kor. 15, 50-55

Das sage ich aber, liebe Brüder, dass Fleisch und Blut das Reich Gottes nicht ererben können; auch wird das Verwesliche nicht erben die Unverweslichkeit. Siehe, ich sage euch ein Geheimnis: Wir werden nicht alle entschlafen, wir werden aber alle verwandelt werden; und das plötzlich, in einem Augenblick, zur Zeit der letzten Posaune. Denn es wird die Posaune erschallen, und die Toten werden auferstehen unverweslich, und wir werden verwandelt werden. Denn dies Verwesliche muss anziehen die Unverweslichkeit, und dies Sterbliche muss anziehen die Unsterblichkeit. Wenn aber dies Verwesliche anziehen wird die Unverweslichkeit und dies Sterbliche anziehen wird die Unsterblichkeit, dann wird erfüllt werden das Wort, das geschrieben steht (Jesaja 25, 8; Hosea 13, 14):
‚Der Tod ist verschlungen vom Sieg.
Tod, wo ist dein Sieg?
Tod, wo ist dein Stachel?‘
Der Stachel des Todes aber ist die Sünde, die Kraft aber der Sünde ist das Gesetz. Gott aber sei Dank, der uns den Sieg gibt durch unsern Herrn Jesus Christus!
Darum, meine lieben Brüder, seid fest, unerschütterlich und nehmt immer zu in dem Werk des Herrn, weil ihr wisst, dass eure Arbeit nicht vergeblich ist in dem Herrn.

Vom Ende ist in 1. Kor. 15 also die Rede, von dem, was am Ende der Zeit geschehen soll und was das für uns bedeutet. Zunächst spricht Paulus von der Auferstehung Christi und aller Toten. Jetzt führt er ein neues Stichwort ein: verwandelt werden.

Zunächst einmal beantwortet Paulus eine Frage, die ihm gestellt wurde: Wenn nun bald der Herr kommt, sind dann die besser dran, die noch auf der Erde leben, oder die bereits Verstorbenen? Paulus antwortet: Wir müssen alle verwandelt werden, auch wenn einige von uns noch im Erdenleben sein werden, wenn der Herr kommt. Dass der Herr bald wiederkommen werde, darin ist sich Paulus mit seinen Lesern einig. Aber daran hängt ja nicht die Gültigkeit der Aussage: Wir werden alle verwandelt werden.

Was heißt das: verwandelt werden? Einfach, dass man aus einem Ereignis als ein anderer herauskommt als der, der hineingegangen ist – und gleichzeitig weiß: Ich bin immer noch ich.

Verwandelt werden wir unser Leben lang. Schon unsere Entstehung ist die erste Verwandlung. Es gibt Billionen von Möglichkeiten, wie ein Mensch sein könnte, was ihm als Erbgut mitgegeben wird. Und nun wandelt sich die Unzahl der Möglichkeiten in eine ganz bestimmte Wirklichkeit: Dieser Samen, diese Eizelle sind mit einem ganz bestimmten Erbgut ausgestattet. Bei ihrer Vereinigung findet schon die nächste Verwandlung statt: Aus zwei wird eins, eine einzige Persönlichkeit.

Auch das Heranwachsen bedeutet einen stetigen Wandlungsprozess, dem das Kind ausgesetzt ist. Später tun sich viele Jugendliche schwer, sich von ihrer Kindheit zu lösen. Die große erste Liebe verwandelt die Liebenden, sie lernen sich selbst neu kennen. Wenn sie dann als Paar miteinander leben wollen, durchleben sie wieder einen Wandlungsprozess.

Ständiger Wandel tut weh. Deswegen wollen wir uns als Erwachsene endlich einrichten, in Familie, Beruf und Freizeit. Doch das Leben geht ständig weiter, und mit ihm das Verwandeltwerden. Die Kinder werden groß und selbständig. Das Berufsleben ist in ständigem Wandel begriffen. Die Gesundheit macht Probleme. Menschen, die zu unserem Leben dazugehören, sterben oder verlassen uns. Da ist nichts mehr so wie früher.

Manchmal wird aus einer missglückten Verwandlung eine Krise, wir durchleben sie, manchmal flüchten wir uns in eine Krankheit. Da ist dann erst einmal Pause. Leib und Seele haben die Notbremse gezogen. Vielen aktiven Menschen wird in einer solchen Pause klar: Ich kann mein Leben nicht nur nach eigenen Ideen gestalten. Ich muss darauf achten, was die Anderen mir zu sagen haben. Vor allem aber ist es Gott, der mein Leben aus dem Verborgenen lenkt und mir dabei vieles an Veränderung zumutet. Dann kann ich schrittweise wieder gesund werden, oder ich muss mich auf eine dauerhafte Einschränkung einstellen. Da ist dann wirklich nichts mehr wie vorher.

Irgendwann geht es ans Sterben. Da möchten wir am liebsten, wenn es denn schon sein muss, dass es schnell und schmerzlos geht, dass wir im Jenseits ein warmes Plätzchen vorfinden und unseren Lieben wieder begegnen, die uns schon vorangegangen sind und auf uns warten. Dann sind wir wieder alle beieinander wie früher. Nein, sagt Paulus, so wird es nicht sein. Wir müssen vielmehr alle verwandelt werden. Wir müssen uns verwandeln lassen. Wir müssen unser ganzes körperliches Dasein und unsere Seele loslassen. In der Auferstehung hat Gott Großes mit uns vor. Er gibt uns – so Paulus – einen neuen, verklärten Leib und führt uns mit Leib und Seele in seine ewige Stadt.

Manche Menschen bekennen im Alter mit Stolz: Ich bin mir immer treu geblieben. Da fragt man sich: Haben diese Menschen ein Leben lang keine Entwicklung erlebt und durchgemacht? Haben sie nicht den Impuls gespürt, sich zu wandeln, sich von Gott, vom Leben, von ihren Mitmenschen verändern zu lassen?

Solche Menschen, die immer dieselben bleiben wollen, können sich scheinbar durch den Schlusssatz unseres Text-Abschnitts bestätigt fühlen: *„Darum, meine lieben Brüder, seid fest, unerschütterlich und nehmt immer mehr zu in dem Werk des Herrn, weil ihr wisst, dass eure Arbeit nicht vergeblich ist in dem Herrn.“*

Unbeweglich stehen und sich ständig wandeln, das geht doch nicht zusammen. Hauptsache, ich bleibe fest und stur bei meiner Linie, bleibe mir selbst treu. Aber so ist es nicht. Leben heißt nun einmal, sich verwandeln lassen, sich formen, gestalten lassen. Die Pflanzen sind fest verwurzelt, aber sie wachsen und verwandeln sich dabei ständig. Sie brauchen Wurzeln, um sich zu ernähren, und wachsen zu jeweils ganz anderen Gestalten heran.

Sehen wir in Gott den großen Gärtner! Aus einem Samenkorn wächst die Pflanze, wächst das Leben heran. Der große Gärtner gibt der Pflanze die Kraft zum Wachsen und schneidet sie zurecht, damit sie schön aussieht und immer neue Zweige bekommen und gute Frucht tragen kann. Lassen wir ihn getrost seine Arbeit machen!

Volkswanderung – Staffellauf – Marathon

Hebräer 11, 1+2; 8 – 10; 13 – 16; 39 + 40; 12, 1 + 2a

Es ist aber der Glaube eine feste Zuversicht auf das, was man hofft, und ein Nichtzweifeln an dem, was man nicht sieht. Durch den Glauben haben die Vorfahren Gottes Zeugnis empfangen.

Durch den Glauben wurde Abraham gehorsam, als er berufen wurde, in ein Land zu ziehen, das er erben sollte; und er zog aus und wusste nicht, wo er hinkäme. Durch den Glauben ist er ein Fremdling gewesen in dem verheißenen Lande wie in einem fremden und wohnte in Zelten mit Isaak und Jakob, den Miterben derselben Verheißung. Denn er wartete auf die Stadt, die einen festen Grund hat, deren Baumeister und Schöpfer Gott ist.

Diese alle sind gestorben im Glauben und haben das Verheißene nicht erlangt, sondern es nur von ferne gesehen und gegrüßt und haben bekannt, dass sie Gäste und Fremdlinge auf Erden sind. Wenn sie aber solches sagen, geben sie zu verstehen, dass sie ein Vaterland suchen. Und wenn sie das Land gemeint hätten, von dem sie ausgezogen waren, hätten sie ja Zeit gehabt, wieder umzukehren. Nun aber sehnen sie sich nach einem besseren Vaterland, nämlich dem himmlischen. Darum schämt sich Gott ihrer nicht, ihr Gott zu heißen; denn er hat ihnen eine Stadt gebaut.

Diese alle haben durch denn Glauben Gottes Zeugnis empfangen und doch nicht erlangt, was verheißen war, weil Gott etwas Besseres für uns vorgesehen hat; denn sie sollten nicht ohne uns vollendet werden.

Darum auch wir: Weil wir eine solche Wolke von Zeugen um uns haben, lasst uns ablegen alles, was uns beschwert, und die Sünde, die uns ständig um-

strickt, *und lasst uns laufen mit Geduld in dem Kampf, der uns bestimmt ist, und aufsehen zu Jesus, dem Anfänger und Vollender des Glaubens.*

Volkswanderung

Jetzt im Sommer trifft man sie überall, die Teilnehmer von offen ausgeschriebenen Wander- und Rad-Touren. Einzeln, in kleinen Gruppen oder in großen Pulks kommen sie in unsere Städte und Dörfer herein, machen vielleicht ein wenig Rast und streben dann weiter ihrem Ziel zu.

Glaube, so sagt es der Hebräer-Brief, heißt Unterwegssein, Teilnehmen an einer schon Jahrtausende dauernden Wanderung. Der Erzvater Abraham war der erste, den Gott zu dieser Wanderung berufen hat. Er musste noch im buchstäblichen Sinn wandern und in Zelten wohnen. Jetzt, vier Jahrtausende später, sind wir zur Teilnahme eingeladen. Wir müssen dazu nicht im buchstäblichen Sinn unsere Stadt verlassen, aber wir sind aufgerufen, unser Leben als einen Glaubensweg zu sehen und unsere persönliche Glaubensgeschichte einzubringen in die große Wanderung des Volkes Gottes. Im Glauben sind wir unterwegs zu einem großen Ziel. Die Bibel nennt es das neue, das himmlische Jerusalem.

Wenn man an einer Volkswanderung teilnimmt, ist man neugierig, wer da noch alles mit unterwegs ist. Sehen wir uns um! Unter dem Vorzeichen Abrahams haben sich Unzählige auf den Glaubensweg gemacht. Die Ersten waren die Nachkommen Abrahams und seines Sohnes Isaak, also das Volk Israel, die Juden. Den Glaubensweg des Volkes Israel können wir im Alten Testament nachlesen, mit allen guten Wandertagen, mit Durststrecken und Krisen.

Dann kam Jesus. Er verkündigte in Wort und Tat das nahe Reich Gottes und rief Israel auf den Weg des Glaubens, den Weg Abrahams zurück. Jesus starb am Kreuz. Doch seine Jünger erlebten ihn als ihren auferstandenen Herrn und trugen seine Botschaft zu allen Völkern. Aus der Schar der ersten Christen ist inzwischen eine bunte Truppe geworden: Evangelische, Katholiken, Orthodoxe, und jede Konfession in sich vielfältig.

Und dann haben sich die Muslime der großen Abrahams-Wanderung angeschlossen. Sie führen sich auf Abrahams älteren Sohn Ismael zurück. Mit diesen Mitwanderern tun wir uns noch etwas schwer. Sie verehren Jesus als Propheten, aber glauben nur an den einen Gott und seinen Gesandten Mohammed. Sie erkennen Altes und Neues Testament an als von Gott gesandt, aber deuten in ihrem Koran vieles ganz anders. Auch mit ihrer andersartigen Kultur tun wir uns schwer. Aber bei dieser Volkswanderung ist es wie bei anderen auch: Man kann Freunde auf die Wanderung mitnehmen, man kann sich aber die übrigen Teilnehmer nicht aussuchen. Lernen wir also, mit ihnen umzugehen, wie man mit Mitwanderern umgeht!

Staffellauf

Die wievielte Generation sind wir, wenn wir jetzt an dieser Volkswanderung teilnehmen? So genau kann man das nicht sagen. Jedenfalls haben wir unseren Glauben nicht selbst erfunden, sondern sind Miterben und Teilhaber an der großen Geschichte des Glaubens. Die große Volkswanderung ist zugleich ein Staffellauf. Propheten, Apostel, Kirchenväter, Reformatoren haben die Grundlagen für unseren Glauben formuliert. Sie haben den Stab von Gott empfangen, haben ihn getragen und weitergereicht. Jetzt haben wir ihn übernommen. Natürlich kommt es jetzt darauf an, was wir aus diesem Erbe machen. Was wir empfangen haben, sollen und wollen wir nutzen – und weitergeben. Eltern und Erzieher plagen sich heute mit dem Thema „Weitergabe des Glaubens" herum. Allzu groß sind die Brüche zwischen der christlichen Kultur, in der wir aufgewachsen sind, und der kulturellen Welt unserer Kinder und Enkel. Vertrauen wir darauf, dass die große Glaubens-Wanderung auch in den kommenden Generationen weitergeht, auch wenn die künftigen Wanderer anders ausgestattet sein werden als wir.

Zuschauer und Fans

Eine „Wolke von Zeugen" nennt der Hebräer-Brief die Menschen, die am Straßenrand oder von den Rängen im Stadion aus unseren Glaubenslauf verfolgen. Es sind die unzähligen Menschen, die in all den Jahrhunderten im Glauben gestorben sind und nun mit Sympathie uns beobachten. Für die einen von uns sind das die Eltern und Großeltern, für andere große Gestalten des Glaubens wie Martin Luther oder Paul Gerhardt.

„Laufen mit Geduld in dem Kampf, der uns bestimmt ist"

Unauffällig hat der Hebräer-Brief das Bild gewechselt; bisher sprach er von einer Volkswanderung, dann von einem Staffellauf; jetzt vergleicht er unseren Glaubensweg mit einem Marathonlauf. Schon die Volkswanderung war – und ist – kein Spaß-Event. Dazu gibt es zu viele Wüsten-Etappen. Erst recht ist ein Marathonlauf ein Ernstfall, auch wenn es nicht darum geht, Rekorde zu brechen oder andere auszustechen. Da muss man wissen, wie weit man gerade ist. Da muss man seine Kräfte einteilen, einmal ruhiger laufen, dann wieder schneller. Man muss ein Gefühl dafür entwickeln, was gerade dran ist. Wo stehe ich als Christ? Bin ich aufmerksam genug, um zu wissen, was ich jetzt tun oder lassen soll?

Kein Rekord also, und auch kein Ausstechen anderer. Wir haben alle unsere Lebenszeit als Zeit-Vorgabe. Ich will einmal die volle Lebenszeit vergleichen mit einem Tageslauf, spreche also vom Lebenstag, mit Morgen (Kindheit), Vormittag (Jugend), Mittag und Nachmittag (Erwachsenenalter) und Abend (Alter). Manche werden vor der Zeit aus ihrem Lebenstag herausgerufen, manche beenden selbst den Lebenstag vorzeitig – die meisten durchleben den ganzen Tag. Da kann einem zu jeder Zeit der Tag lang werden mit Hochgefühl und Tiefpunkten. Aber wir wünschen uns, den langen Lebenstag gut zu durchlaufen und gut am Ziel anzukommen.

Ich will den Vergleich unseres Glaubensweges mit einem Staffellauf oder einem Marathonlauf nicht überziehen. Kehren wir zum Bild der Volkswanderung zurück! Bei einem Marathonlauf sind die anderen Läufer ja immer auch Konkurrenten, mit denen wir uns vergleichen und über die wir uns ärgern, wenn sie uns „abhängen". Bei einer Wanderung sind sie Mitwanderer, ohne die man nicht unterwegs sein wollte.

Mit-Wanderer

Viele Christen leben ihren Glauben so, als seien sie alleine unterwegs und als bräuchten sie auch keine Mitchristen, um ihren Glauben zu bewähren und zu stärken. Schade! Es sind ja so viele mit uns auf dem Weg, mit denen sich ein Gespräch lohnen würde. Man kann einander Mut zusprechen, praktische Tipps austauschen, Müdigkeit und tote Punkte überwinden. Natürlich ist man da mit unterschiedlichen Leuten unterwegs. Manche müssen immer den Ton angeben, andere sind in sich gekehrt und hören im Gespräch meist nur mit. Manche vergessen vor lauter Sorge um die anderen ihre eigenen Interessen. Wieder andere denken sehr an sich und sind in ständiger Sorge, zu kurz zu kommen. Gerade diese Verschiedenheiten halten eine Gruppe von Mitwanderern lebendig.

Gepäck

Heutzutage kann man etwas sehr Praktisches buchen: Wandern ohne Gepäck. Man wandert unbeschwert, das Gepäck gibt man morgens ab und findet es bei der nächsten Übernachtung wieder vor. Einen solchen Service gibt es für das Christenleben nicht. Was wir uns aufladen, wovon wir glauben, dass wir es haben wollen oder haben müssen, das müssen wir auch mitschleppen. Steigender Wohlstand drückt sich oft darin aus, dass wir immer mehr Dinge, Freizeitbeschäftigungen, Vermögen haben. Damit werden wir immer sesshafter und träger, das Leben wird anstrengend, weil soviel verwaltet und geregelt werden muss. Wir sehen uns zu gerne als Sesshafte, die schöne Dinge anhäufen. In Wahrheit sind wir Wanderer, die alles mitschleppen müssen.

„Man muss wie Pilger wandeln,
frei, bloß und wahrlich leer;
viel sammeln, halten, handeln
macht unsern Gang nur schwer.
Wer will, der trag sich tot;
wir reisen abgeschieden,
mit wenigem zufrieden;
wir brauchen's nur zur Not",

So formuliert es Gerhard Tersteegen in einem Gesangbuchlied (EG 393, Strophe 4). Wie weit sind wir doch von diesem Ideal entfernt (ich bin mir dabei bewusst, dass ich diese Predigt auch mir selber halte)!

Aufschauen zu Jesus

Gott ist um uns, mit uns, über uns, unter uns, solange wir unterwegs sind. Er trägt uns und behütet uns. Seine Gegenwart verdichtet sich in Jesus Christus. Er ist „Anfänger und Vollender des Glaubens". Er ist von Gott gekommen, hat die Tiefen des Lebens durchschritten und ist durch den Kreuzestod zu Gott zurückgekehrt. Christen folgen ihm auf dem Weg des Lebens und Glaubens nach. „Aufsehen" sollen wir zu ihm. Unser Blick soll nicht am Boden haften bleiben, sosehr wir auch darauf achten müssen, wohin wir unseren Fuß setzen.

Rastplätze

Wer unterwegs ist, muss auch einmal eine Pause einlegen und freut sich über einen schönen Rastplatz. Äußerlich gesehen sind das unsere Wohn- und Lebens-Orte. Überall da ist es schön, und man möchte bleiben. Der Gedanke fällt uns schwer, das alles irgendwann einmal zurücklassen zu müssen. Wir leben in einer schönen Herberge, wir richten uns auf eine gewisse Zeit ein und müssen dann wieder weiterziehen. Wir müssen auch weiterziehen, wenn sich unser Leben von einem Lebensalter zum nächsten weiterentwickelt, oder wenn ein Unglück, eine Trennung, eine schwere Krankheit, der Tod eines Angehörigen uns vor einen neuen Lebensabschnitt, vor neue Herausforderungen stellt. „Ich wäre ja so gerne noch geblieben, aber der Wagen, der rollt". Auch im Glauben müssen wir uns bewegen, können uns weiter entwickeln; unser Glaube wird sich immer wieder wandeln.

Daher brauchen wir Rastplätze speziell für unser Glaubensleben. Das sind Kirchen, Gemeindehäuser, aber auch die stille Ecke zuhause, in der ich nachdenken, in der Bibel lesen und beten kann. Oder das jeweilige Zimmer, in dem sich ein Hauskreis versammelt. Für viele sind Freizeitheime, Begegnungsstätten, Klöster Orte zum geistlichen Rasten.

Nicht wenige von uns befinden sich auf einem speziellen Rastplatz in ihrem Lebenslauf, in den ersten Ruhestandsjahren. Ich denke, es sind für die meisten Betroffenen Jahre des Glücks, unter anderem, weil man gelernt hat, mit gewissen Einschränkungen zu leben. Die Franzosen nennen diese Zeit „troisième âge", drittes Lebensalter. Die Lebensarbeit ist geleistet, aber man kann trotzdem noch etwas tun. Die körperlichen und geistigen Kräfte haben schon etwas nachgelassen, aber man kann ja ein bisschen langsamer treten. Die Gesundheit ist angeschlagen, aber solange man aufstehen und seine täglichen Arbeiten verrichten kann, soll man nicht jammern.

Wenn man dann noch als Ehepaar beieinander sein, in einem schönen Haus, in einer anmutigen Landschaft und nahe bei Kindern und Enkeln leben darf, dann durchlebt man glückliche Jahre. Wenn von den aufgezählten Punkten der eine oder andere nicht mehr gegeben ist, kann man sich immerhin fragen, ob man nicht wenigstens für die übrigen dankbar sein kann.

Am Ende des Weges

Irgendwann wartet auf uns der Aufbruch auf eine vielleicht mühsame Strecke, wo *„die bösen Tage kommen*

und die Jahre sich nahen, da du wirst sagen: Sie ge-
fallen mir nicht" (Prediger 12, 1). Werden wir ans Haus
gebunden sein, pflegebedürftig, zu viel alleine? Oder
gar dement? Wird ein Heim unser letzter Rastplatz
sein? Schöpfen wir in guten Tagen und Jahren Kraft,
um die schwierigeren Wegstrecken zu bestehen!

Endlich sind wir am Ziel. Wir dürfen ausruhen, uns
erfrischen und uns schließlich mit Abraham, Isaak und
Jakob am Tisch niederlassen. Gott hat uns eine ewige
Stadt gebaut, das neue Jerusalem. Die Stadt ist zu-
gleich das neue Paradies mit Bäumen und Quellen,
Blumen und Früchten. Freuen wir uns darauf!

Doppelte Staatsbürgerschaft
Jeremia 29, 4-7 und 10-14

So spricht der Herr Zebaoth, der Gott Israels, zu den Weggeführten, die ich von Jerusalem nach Babel habe wegführen lassen: Baut Häuser und wohnt darin; pflanzt Gärten und esst ihre Früchte; nehmt euch Frauen und zeugt Söhne und Töchter, nehmt für eure Söhne Frauen, und gebt eure Töchter Männern, dass sie Söhne und Töchter gebären; mehret euch dort, dass ihr nicht weniger werdet. Suchet der Stadt Bestes, dahin ich euch habe wegführen lassen, und betet für sie zum Herrn; denn wenn's ihr wohlgeht, so geht's auch euch wohl.

Denn so spricht der Herr: Wenn für Babel siebzig Jahre voll sind, so will ich euch heimsuchen und will mein gnädiges Wort an euch erfüllen, dass ich euch wieder an diesen Ort bringe. Denn ich weiß wohl, was ich für Gedanken über euch habe, spricht der Herr: Gedanken des Friedens und nicht des Leides, dass ich euch gebe das Ende, des ihr wartet. Und ihr werdet mich anrufen und hingehen und mich bitten, und ich will euch erhören. Ihr werdet mich suchen und finden; denn wenn ihr mich von ganzen Herzen suchen werdet, so will ich mich von euch finden lassen, spricht der Herr, und will eure Gefangenschaft wenden und euch sammeln aus allen Völkern und von allen Orten, wohin ich euch verstoßen habe, spricht der Herr, und will euch wieder an diesen Ort bringen, von wo ich euch habe wegführen lassen.

Was bleibt beim ersten Lesen oder Hören dieser Worte hängen? Vielleicht sind es die beiden Trostworte, die schon so vielen Menschen geholfen haben: „*Ich weiß* wohl, was ich für Gedanken über euch habe: Gedanken des Friedens und nicht des Leides" und „Wenn ihr mich von ganzem Herzen suchen werdet, so will ich mich von euch finden lassen". Der Satz „Suchet der Stadt Bestes" war vor Jahrzehnten ein geflügeltes Wort, wenn Christen zum Engagement in der Gesellschaft aufgerufen werden sollten. Eindrucksvoll auch die konkrete Aufforderung, Häuser zu bauen, Gärten zu pflanzen und Kinder zu zeugen. Diese Aufforderung ist verbunden mit der Zusage: Ihr werdet die Häuser bewohnen und die Früchte der Gärten essen. Auch das Familienleben soll weitergehen, die Eltern sollen Kinder zeugen und deren Verheiratung regeln.

Nimmt man diese Bilder für sich, dann fühlt man sich an die Schöpfungsgeschichte erinnert. In 1. Mose 2 lesen wir, dass Gott einen Garten pflanzt und den Menschen hineinsetzt, damit er ihn bebaue und bewahre. Aus 1. Mose 1 haben wir noch die Aufforderung des Schöpfers im Ohr: „Seid fruchtbar und mehret euch und füllet die Erde!" Aus diesen Aufforderungen sprechen Optimismus und Lebensfreude.

Wir sind so vorgegangen, wie man bei einem Bild verfährt: Bestimmte Einzelheiten fallen einem ins Auge, dann nähert man sich, um sie genauer zu betrachten, am Schluss tritt man einige Schritte zurück und lässt das Bild als Ganzes auf sich wirken. Schließlich informiert man sich über das geschichtliche Umfeld des Bildes und seines Malers.

Der geschichtliche Ort unseres Textes und seines Verfassers soll kurz vorgestellt werden: Im Jahr 597 vor Chr. erobert das babylonische Reich das kleine Königtum Juda. Die politische Führungsschicht und die Mittelschicht werden nach Babylon deportiert, das

Königtum bleibt als Vasall Babylons bestehen. (Die Zerstörung der Stadt Jerusalem samt dem Tempel und die größere Deportation erfolgten erst ein Jahrzehnt später).

In der Zeit der ersten Deportation schreibt der Prophet Jeremia von Jerusalem aus einen Brief nach Babylon; aus diesem Brief ist unser Text entnommen. Die Verschleppten waren innerlich noch gar nicht in Babylon angekommen, sie dachten immerzu an die verlorene Heimat. Eine Rückkehr dorthin lag im Augenblick nicht im Bereich des Möglichen. Der Brief Jeremias enthält zwei Botschaften. Die erste: Baut Häuser, pflanzt Gärten, habt Nachkommen, suchet der Stadt Bestes und betet für sie! Denn: Ihr werdet lange in Babylon bleiben, keiner von euch jetzt Lebenden wird die alte Heimat wiedersehen. Die zweite Botschaft Gottes: In siebzig Jahren werde ich euch (bzw. eure Nachfahren) wieder nach Hause zurückkehren lassen, denn ich meine es gut mit euch.

Nun lesen also wir diesen vor zweieinhalb Jahrtausenden geschriebenen Brief. Indem wir ihn lesen und bedenken, bekommt er plötzlich einen neuen, uns selbst betreffenden Sinn. Ist die babylonische Gefangenschaft nicht ein Gleichnis für unser Leben?

Wir werden hineingeboren in eine Welt, in der wir zunächst fremd sind. Wir wachsen in diese Welt hinein, bauen Häuser, pflanzen Gärten, zeugen und empfangen Kinder, suchen der Stadt Bestes und beten für sie. Doch in uns lebt die Erinnerung an das Paradies, aus dem wir vertrieben worden sind, an „etwas, das allen in die Kindheit scheint und worin noch niemand war: Heimat", so der Philosoph Ernst Bloch in seinem Hauptwerk „Das Prinzip Hoffnung".

Das Wissen um jene andere Welt wird überlagert von unseren Aktivitäten, das Erdenleben füllt uns ganz aus. Wenn uns das Leben sehr schwer wird, dann erinnern wir uns wieder daran, dass es da noch ein anderes Leben gibt. Vor allem, wenn wir von einem lieben Menschen Abschied nehmen müssen, trösten wir uns mit dem Glauben, dass bei Gott in der ewigen Heimat eine Zukunft auf uns wartet.

Nach siebzig Jahren, so Jeremia, will Gott die Verschleppten wieder in ihre Heimat zurückbringen. Siebzig Jahre sind ja auch ein traditionelles Maß für das Alter, das wir erreichen können: *„Unser Leben währet siebzig Jahre, und wenn's hoch kommt, so sind's achtzig Jahre"* (Psalm 90, 10).

Wir haben also ein mehr oder weniger dunkles Bewusstsein davon, dass wir Bürger zweier Welten sind. Das Neue Testament ruft uns auf, bewusst als Bürger zweier Reiche zu leben: im Reich Gottes, das, wie Jesus sagt, „nicht von dieser Welt ist" (Joh. 18, 36), und im Reich dieser Welt. In unserem Menschenleben treffen beide Reiche aufeinander. Jesus verkündigt uns die Nähe des Gottesreichs und macht immer wieder klar, dass es einen Grundkonflikt zwischen den beiden Reichen gibt. Wir müssen uns entscheiden, in welchem dieser Reiche wir verwurzelt sein wollen, im vergehenden Reich der Welt, das wir sowieso nur eine Zeitlang bewohnen, oder im anbrechenden ewigen Reich Gottes.

Sind wir also zwischen Himmel und Erde hin und her gerissene Menschen, die nicht recht wissen, wohin sie gehören? Ludwig Feuerbach, einer der großen Gegner des christlichen Glaubens im 19. Jahrhundert, meint dazu: „Der natürliche Mensch bleibt in seiner Heimat, weil es ihm hier wohlgefällt, weil er vollkommen befriedigt ist. Die Religion, die in einer Unzufriedenheit, einer Zwietracht anhebt, verlässt die Heimat, geht in die Ferne, aber nur um in der Entfernung das Glück der Heimat um so lebhafter zu empfinden." Ist es wirklich so, das wir an sich zufrieden wären mit dieser Welt, wenn nicht die Religion eine unterschwellig vorhandene Unzufriedenheit ausnützen und uns zu unglücklichen Menschen machen würde? Zugegeben, wir denken nicht oft an das Reich Gottes, wir sind überwiegend Kinder dieser Welt, aber im tiefsten Grund unserer Seele wissen wir, dass wir dem Reich Gottes angehören und auf dieser Welt nur begrenzte Zeit zu Gast sind.

Zugespitzt könnte man sagen: Wir sind Menschen mit doppelter Staatsangehörigkeit. Ich weiß, dass das ein Reizwort ist. Vor Jahrzehnten hat ein Politiker eine Landtagswahl gewonnen, indem er mit einer Postkartenaktion gegen doppelte Staatsbürgerschaft eine tief sitzende Abwehr gegen Einwanderer mobilisierte. Wir wittern mangelnde Integrationsbereitschaft, wenn ein Türke zwischen Deutschland und der Türkei hin und her pendelt. Er soll sich hier integrieren und seine Zugehörigkeit zur türkischen Kultur nach und nach ablegen - so denken viele.

Wir Christen könnten doch eigentlich Verständnis haben für Menschen mit zwei Heimatländern. Man muss sich freilich klar machen, dass der Türke im Grunde drei Heimatländer hat. Zusätzlich zu den beiden Vaterländern hat er in seinem muslimischen Glauben eine geistliche Heimat. Je mehr der Einwanderer Vorbehalte und Abwehr spürt, desto enger wird sein Glaube, desto weniger wird er den Rückhalt im Heimatland seiner Familie aufgeben.

Viele Heimatvertriebene und Spätaussiedler, vor allem aus Russland, sagen im persönlichen Gespräch: Wir haben die Seele, oder etwas von ihr, dort gelassen.

„Man muss Gott mehr gehorchen als den Menschen" (Apostelgeschichte 5, 29) – dieses Wort stellt klar, dass wir zwar Bürger zweier Reiche sind, aber nur einen Herrn haben, der ja auch der Herr der diesseitigen Welt ist. Unser Glaube beruht nicht auf Weltferne oder Weltfremdheit. Wir sind mit ganzem Herzen in dieser Welt, bauen Häuser, pflanzen Gärten, ziehen Kinder groß, suchen der Stadt Bestes und beten für sie. Wir kennen die Stimme des guten Hirten, der uns mit seinem Wort durchs Leben begleitet und am Ende auf uns wartet.

Ein gesundes Beten

1. Timotheus 2, 1-6a

So ermahne ich nun, dass man vor allen Dingen tue Bitte, Gebet, Fürbitte und Danksagung für alle Menschen, für die Könige und für die Obrigkeit, damit wir ein ruhiges und stilles Leben führen können in aller Frömmigkeit und Ehrbarkeit. Dies ist gut und wohlgefällig vor Gott, unserm Heiland, welcher will, dass allen Menschen geholfen werde und sie zur Erkenntnis der Wahrheit kommen. Denn es ist e i n Gott und e i n Mittler zwischen Gott und den Menschen, nämlich der Mensch Christus Jesus, der sich selbst gegeben hat für alle zur Erlösung.

Haben Sie schon einmal für Angela Merkel gebetet, oder für Guido Westerwelle und Karl Theodor zu Guttenberg? Manche werden jetzt sagen: Auf diese Idee würde ich nie kommen. Ich bete für mich und die Meinen. Mit Politik, diesem schmutzigen Geschäft, will ich nichts zu tun haben. Da ärgert man sich, wenn man nur daran denkt. Da möchte man vielleicht das Gebet mit den Worten beginnen, die der Pharisäer im Tempel gebrauchte: Herr, ich danke dir, dass ich nicht bin wie diese Leute! Meine kleine Welt ist in Ordnung, die Welt draußen ist gierig und bestechlich.

Offensichtlich legt der Schreiber des 1. Timotheus-Briefs den Finger auf eine wunde Stelle: „*So ermahne ich nun, dass man vor allen Dingen tue Bitte und Gebet, Fürbitte und Danksagung für alle Menschen, für Könige und alle Obrigkeit. [...] Gott [...] will, dass allen Menschen geholfen werde und sie zur Erkenntnis der Wahrheit kommen.*" Gott hat eine gute Absicht (der Theologe und Uhrmacher Ph. M. Hahn nannte sie

„einen Liebesvorsatz") für alle Menschen, in allen Ländern, Völkern, Kulturen, mit allen ihren Regierungssystemen. Darunter fallen auch wir mit unserem Land, unserer Kultur und Gesellschaft, unserem politischen System, unserer Regierung.

Aus seiner guten Absicht heraus gibt Gott uns das Evangelium in Jesus Christus, aber auch die Ordnung des menschlichen Zusammenlebens, und dazu gehört die staatliche Ordnung, denn ohne sie könnte die Menschenwelt keinen Tag bestehen. Dieser Blick auf das Ganze, auf das Wohl aller Menschen, soll unser Gebet in die richtige Richtung lenken. Wenn wir unter dem Druck unseres Alltags überhaupt zum Beten kommen, dann stehen unsere persönlichen Sorgen und das Wohl unserer nächsten Mitmenschen im Vordergrund. Unser Gebet braucht eine Horizont-Erweiterung. Jesus wollte mit dem „Vater Unser" unseren Blick auf das Große richten: *Dein Reich komme! Dein Wille geschehe, wie im Himmel, so auf Erden!"*

An dieser Stelle muss ich ein Geständnis ablegen: Ich habe über diesen Text in meiner bald fünfzigjährigen Tätigkeit bisher nur einmal gepredigt, obwohl er nach der Ordnung der Predigttexte schon ein paarmal dran gewesen wäre. Warum habe ich diesen Test weggeschoben? Weil der Text in der Luther-Übersetzung mir ein Bild von Christentum und Gesellschaft vor Augen zu malen schien, mit dem ich nicht einverstanden sein konnte: auf der einen Seite die Obrigkeit, auf der anderen Seite die Untertanen, die unter dem Schirm der Obrigkeit ein ruhiges und stilles Leben führen, in aller Frömmigkeit und Ehrbarkeit. Der Obrigkeitsstaat war durch Kaiserreich und NS-Diktatur vollends unglaubwürdig geworden, und statt Untertanen wollten wir mündige Bürger sein. Nicht Frömmigkeit und

Ehrbarkeit waren gefragt, sondern christliches Engagement in unserer christlichen oder nachchristlichen Gesellschaft, ja in der ganzen Welt.

Offenbar bin ich jetzt alt genug, um mir die Sache noch einmal aus der Nähe zu betrachten. Der Text lässt sich ja auch anders lesen. Das Wort „Obrigkeit" lässt sich durch „Staatsgewalt" oder „politisch Verantwortliche" ersetzen – die Regierung, die wir für eine bestimmte Zeit gewählt und der wir damit die Verantwortung übertragen haben. Ein ruhiges und stilles Leben in aller Frömmigkeit und Ehrbarkeit – das muss nicht ein weltabgewandtes, auf sein frommes Ich zurückgezogenes Leben sein, das kann auch ein tätiges, engagiertes Leben sein, das aber einen Mittelpunkt in der Stille, in der Ruhe hat. „In der Ruhe liegt die Kraft" hört man immer mehr Menschen sagen. Man kann sich zur Ruhe zwingen, durch Selbstbeherrschung das Tempo aus dem Alltag, aus der Arbeit herausnehmen. Wirklich gelingen wird das nur, wenn wir inneren Frieden mit Gott und mit uns selbst haben. Den will uns Gott schenken. Das Gebet ist ein Weg, in diesen göttlichen Frieden hineinzufinden. Da können wir das Unsere dazu tun, dem Gebet einen Raum in unserem Leben zu schaffen. Es kann helfen, immer wieder an einem arbeitsreichen Tag kurz innezuhalten, ruhig durchzuatmen und einen Gebets-Gedanken zu formulieren – oder sich einfach in der Stille einen Augenblick lang vor Gott zu stellen. Dann sind wir wieder bereit zu neuem Tun.

Große Denker und Mystiker, wie im Mittelalter Meister Eckhart und im 20. Jahrhundert der Philosoph Martin Heidegger, haben einen Weg gelehrt, aus der Geschäftigkeit der Welt zur Gelassenheit zu finden und dann zu neuer Entschlossenheit zu kommen.

Vor Jahrzehnten sprach man viel vom Gesund-Beten und meinte damit medizinische Heilung durch das Gebet. Das wäre jetzt ein anderes Thema. Mir geht es darum zu sagen: Wir können unser Verhältnis zu uns selbst, zu unseren Mitmenschen, aber auch zur ganzen Welt und ihren Verantwortlichen „gesund beten". Lernen wir dazu zuerst das Danken: für uns und die Unseren, für den Wohlstand und die freiheitliche Gesellschaftsordnung, die wir haben, für die große, schöne, bunte Welt. Wirklich danken können wir nur, wenn wir auch unsere Einstellung zu all dem ins Positive ändern: „Wir wissen aber, dass denen, die Gott lieben, alle Dinge zum Besten dienen" sagt Paulus. A l l e Dinge – auch die fremdem, schwierigen, ärgerlichen Menschen und Verhältnisse.

Dann hören wir auch damit auf, dass unsere Bitten, unsere Stoßseufzer sich kurzatmig immer nur um uns und das Unsere drehen. Von den Bitten des „Vater Unser" können wir lernen, im Beten groß zu denken und all das notwendige Kleine in einem größeren Rahmen zu sehen.

Wir können dann auch das Gute in der Gesellschaft wieder wertschätzen, können die Politiker als Menschen sehen, die große Verantwortung tragen – wer von uns möchte schon an ihrer Stelle über Fragen wie die Finanzkrise oder den Einsatz in Afghanistan entscheiden müssen! Und wir können den Entscheidungsträgern durch unser Gebet, unsere Fürbitte Kraft und Mut zusenden.

Zur inneren Ruhe gehört – so seltsam das klingt – eine bleibende Unruhe. Je mehr wir unseren Blick weiten, desto deutlicher sehen wir unsere Schuld und unser Versagen. Wir bleiben im privaten Bereich manches schuldig. Wir sind aber auch in unserem Land hinein verwickelt in viele Ungerechtigkeiten, von denen wir profitieren: Ich denke an die wachsende Armut bei vielen Familien mit Kindern. Und wir sind als Verbraucher verwickelt in die tiefe Ungerechtigkeit unserer wirtschaftlichen Verhältnisse. Und wir machen uns schuldig an unseren Kindern und Enkeln, indem wir die Reichtümer der Erde aufbrauchen und Schuldenberge hinterlassen. Wir können uns aus diesen Zusammenhängen gar nicht lösen. Wir können ja z. B. nicht nur Waren aus einheimischer Produktion kaufen – das würde den Erzeugern in den armen Ländern auch nicht helfen. Wir können etwas tun, indem wir auf diese Zusammenhänge aufmerksam machen, aufmerksam leben und uns in Gesellschaft und Politik engagieren.

Ora et labora, bete und arbeite – so lautet die Grundregel des abendländischen Mönchtums. Das entspricht dem Grund-Rhytmus des Lebens. Im Beten atme ich ein, schöpfe frische Luft, bin der empfangende Teil. Im Arbeiten atme ich aus, spanne meinen Körper an, rede und handle. Im Beten und Arbeiten lobe ich den Gott, der mir seinen Lebensatem eingehaucht hat und immer noch einhaucht.

Investieren – Geld und mehr
Matthäus 25, 14-30

Denn es ist wie mit einem Menschen, der außer Landes ging: er rief seine Knechte und vertraute ihnen sein Vermögen an; dem einen gab er fünf Zentner Silber, dem andern zwei, dem dritten einen, jedem nach seiner Tüchtigkeit, und zog fort. Sogleich ging der hin, der fünf Zentner empfangen hatte, und handelte mit ihnen und gewann weitere fünf dazu. Ebenso gewann der, der zwei Zentner empfangen hatte, zwei weitere dazu. Der aber einen empfangen hatte, ging hin, grub ein Loch in die Erde und verbarg das Geld seines Herrn. Nach langer Zeit kam der Herr dieser Knechte und forderte Rechenschaft von ihnen. Da trat herzu, der fünf Zentner empfangen hatte, und legte weitere fünf Zentner dazu und sprach: Herr, du hast mir fünf Zentner anvertraut; siehe da, ich habe damit weitere fünf Zentner gewonnen. Da sprach sein Herr zu ihm: Recht so, du tüchtiger und treuer Knecht, du bist über wenigem treu gewesen, ich will dich über viel setzen; geh hinein zu deines Herrn Freude! Da trat auch herzu, der zwei Zentner empfangen hatte, und sprach: Herr, du hast mir zwei Zentner anvertraut; siehe da, ich habe damit weitere zwei gewonnen. Sein Herr sprach zu ihm: Recht so, du tüchtiger und treuer Knecht, du bist über wenigem treu gewesen, ich will dich über viel setzen; geh hinein zu deines Herrn Freude! Da trat auch herzu, der einen Zentner empfangen hatte, und sprach: Herr, ich wusste, dass du ein harter Mann bist: du erntest, wo du nicht gesät hast, und sammelst ein, wo du nicht ausgestreut hast; und ich fürchtete mich, ging hin und verbarg deinen Zentner in der Erde. Siehe, da hast du das Deine. Sein

Herr aber antwortete und sprach zu ihm: Du böser und fauler Knecht! Wusstest du, dass ich ernte, wo ich nicht gesät habe, und einsammle, wo ich nicht ausgestreut habe? Dann hättest du mein Geld zu den Wechslern bringen sollen, und wenn ich gekommen wäre, hätte ich das Meine wiederbekommen mit Zinsen. Darum nehmt ihm den Zentner ab und gebt ihn dem, der zehn Zentner hat. Denn wer da hat, dem wird gegeben werden, und er wird die Fülle haben; wer aber nicht hat, dem wird auch, was er hat, genommen werden. Und den unnützen Knecht werft in die Finsternis hinaus; da wird sein Heulen und Zähneklappern.

„Der Herr kommt zurück!", das ist die Botschaft dieses Gleichnisses. Er kommt zurück und fragt uns, was wir aus unserem Leben, aus den uns anvertrauten Gaben gemacht haben. Spätestens nach unserem Tod, oft aber auch in einer schweren Lebenskrise werden wir ihm in seiner göttlichen Herrlichkeit wieder begegnen und mit Soll und Haben konfrontiert werden.

Jesus möchte, dass wir diese Botschaft in unser Leben hereinholen und sie umsetzen. Dazu erzählt er diese Gleichnis-Geschichte. Besieht man sie genauer, so entdeckt man eine Anzahl von Aussagen, die Rückfragen, ja Widerspruch erregen. Ich möchte sie Stolpersteine nennen. Sie wollen uns dazu anhalten, genau auf unseren Weg zu achten und eben nicht zu Fall zu kommen. Sieben Stolpersteine habe ich in der Geschichte entdeckt.

Ich stolpere gleich am Anfang: Der Herr geht weg und lässt die Vermögensverwalter allein zurück. Das ist, positiv gesehen, eine Herausforderung, kritisch gesehen eine Zumutung. Gott gibt dem Menschen Freiheit, und das bedeutet, dass er sie alleine lässt. Kommen dann schwierige Situationen, dann fällt es uns schwer, alleine klarzukommen. Sicher, unser Herr soll uns in Ruhe unser Leben führen lassen, aber in den entscheidenden Momenten soll er da sein und selbst die Verantwortung übernehmen. Sonst sind wir plötzlich alleine und verlassen, und ungläubige Mitmenschen fragen uns, wie es im Psalm 42 heißt: *„Wo ist nun dein Gott?"* Sehen wir zu, dass wir nicht mit Aussagen wie „Gott ist immer für dich da" leichtfertig umgehen und bei uns selbst und anderen falsche Erwartungen wecken! Wir sollten auch nicht wie verzogene Kinder sein, die einerseits ihre Ruhe vor den Eltern haben wollen, aber sofort die Eltern herbeizitieren, wenn etwas nicht nach Wunsch klappt.

Zum zweiten Mal stolpere ich über die Ungleichheit der anvertrauten Beträge. Es sind große, aber auch höchst ungleiche Summen – „jedem nach seiner Tüchtigkeit" ist die Begründung für die ungleiche Verteilung seines Vermögens. Das ist für uns ein Ärgernis: Die vorhandene Ungleichheit bei den Startchancen ins Leben wird festgeschrieben, nicht überwunden, wie wir es doch anstreben. Sind denn vor Gott nicht alle gleich? Wie oft hören wir diesen Satz, wenn jemand sich von Gott schlecht behandelt fühlt. Nun, Gott liebt und achtet alle gleichermaßen, aber er gibt ganz offensichtlich nicht allen dieselben Gaben. *„Dienet einander, ein jeder mit der Gabe, die er empfangen hat."* (1. Petrus 4, 10). *„Du bist über wenigem treu gewesen"*, so lautet das Lob bei der Wiederkehr des Herrn.

Der dritte Stolperstein ähnelt dem zweiten: Unvermutet kehrt der Herr nach langer Zeit zurück und verlangt Rechenschaft. Freuen können sich da die Erfolgreichen. Sie werden gelobt und befördert: *„Du bist über Wenigem treu gewesen, ich will dich über viel setzen; geh hinein zu deines Herrn Freude."* Modern gesagt: Der Begabte, der schon vorher mehr Vertrauen genossen hat, hat sich als erfolgreich erwiesen und wird in die Chef-Etage befördert. Sicher, genauso erleben wir es in unserer Gesellschaft, besonders in Deutschland, aber immerhin fängt man bei uns jetzt langsam an, mehr Chancengleichheit herzustellen. „Wer da hat, dem wird gegeben", dieser Satz aus unserem Text ist zum geflügelten Wort geworden. Wir sagen diesen Satz, um auszudrücken, wie es in unserer Gesellschaft zugeht – aber wir sagen diesen Satz missbilligend: Gerade bei Gott darf es doch nicht so sein. Immerhin sollten wir beachten, dass in unserer Geschichte die beiden ersten Verwalter zwar unterschiedliche Gaben anvertraut bekommen, eben jeder nach seinen Fähigkeiten, dass sie aber beide dieselbe Rendite erzielen und dieselbe Belohnung erhalten.

Zum vierten Mal stolpere ich, und zwar über das Ergebnis, das die beiden erzielen und feiern. Die beiden Erfolgreichen haben ihr Kapital um hundert Prozent vermehrt. Wie viel Kritik hat nicht Josef Ackermann, der Direktor der Deutschen Bank, einstecken müssen, weil er von seinen Mitarbeitern verlangt, eine Kapitalrendite von 25% zu erwirtschaften. Mit Recht wurde darauf hingewiesen, mit solchen Renditen würden vor allem die großen Kreditnehmer, die Unternehmen, ausgesaugt und in existentielle Gefahr gebracht. Immerhin, die beiden Verwalter haben anvertrautes Geld investiert, arbeiten lassen, sich aber nicht selbst daran bedient. Und wir sollen merken: Gott ist ein guter Herr, der treuen Verwaltern Großes gelingen lässt und sie reichlich belohnt.

Zum fünften Mal stolpere ich bei dem Gespräch zwischen dem Herrn und dem dritten Verwalter. Bei diesem Gespräch spitzt sich die Geschichte zu. Dieser dritte Verwalter ist offensichtlich ein Verlierertyp, ein Loser, würde man heute sagen. Die vielen Demütigungen haben ihn bitter gemacht. In ungehörigem Tonfall rechtfertigt er sich: *„Herr, ich wusste, dass du ein harter Mann bist: du erntest, wo du nicht gesät hast, und sammelst ein, wo du nicht ausgestreut hast; und ich fürchtete mich, ging hin und verbarg deinen Zentner in der Erde. Siehe, da hast du das Deine.“*

Darf man zu seinem Herrn sagen: „Du bist ein harter Mann"? Es klingt respektlos, vor allem, wenn wir hinter dem harten Mann Jesus und Gott sehen. So redet man nicht über Gott und mit Gott. Und Jesus steht ja ohnehin für Milde und Sanftmut, nicht für Härte. Also sagen wir lieber „das Leben ist hart", „das Schicksal ist hart" – und reden indirekt doch von Gott, aus dessen Hand ja unser Leben und unser Schicksal kommt.

Der Herr in der Geschichte reagiert keineswegs gekränkt auf die Aussage, er sei ein harter Mann, ja er nimmt diese Aussage positiv auf: „So, du wusstest also, dass ich ein harter Mann bin? Dann hättest du mein Geld wenigstens auf die Sparkasse tragen können, und ich hätte es mit ein paar Zinsen wiederbekommen".

Mit dem sechsten Stolperstein kommen wir jetzt offenbar an den entscheidenden Punkt der Geschichte. Wir ahnen längst, dass es letztlich nicht um Geld geht. Aber ich will zunächst den entscheidenden Punkt auf der Ebene des Geldes herausarbeiten und dann erst den Schritt vom Geld zum eigentlichen Leben wagen. Beim Umgang mit Geldvermögen gibt es, etwas vereinfacht, drei Typen: Der erste versteckt das Geld unter der Matratze, der zweite trägt es auf die Sparkasse, der dritte investiert es, sei es in ein Unternehmen oder in Aktien. Auf unsere Geschichte übertragen: Die ersten beiden Verwalter haben investiert, der dritte hat das Geld vergraben und bekommt gesagt, er hätte es wenigstens auf der Sparkasse anlegen können.

Nun vom Geld zum Leben: Beim Geld gibt es eben unterschiedliche Formen, wie man damit umgeht. Jede hat ihre Berechtigung. Beim wirklichen Leben, so will uns Jesus sagen, gibt es nur eins: Nicht vergraben, nicht sparen, sondern investieren!

Unsere wirklichen Gaben, das uns anvertraute Kapital ist ja nicht unser Geld, sondern unsere Fähigkeit zu Glauben, Liebe, Hoffnung. Diese Gaben können wir nicht vergraben und nicht horten. Unsere Menschenliebe verkümmert, wenn wir sie nicht verschenken, nicht in unsere nahen und fernen Nächsten investieren. Was man investiert, muss man weggeben, loslassen. Man muss säen, ohne zu wissen, wer es ernten wird. Denken wir an unsere Kinder und Enkel: Natürlich freuen sie sich, wenn wir ihnen zu unseren Lebzeiten oder nach unserem Tod etwas Geld vererben, aber wir haben ihnen Wertvolleres zu geben, eben Glaube, Liebe, Hoffnung, Zuwendung, Vertrauen. Und wenn wir ihnen Geld geben, sollte das kein Druckmittel sein, um ihnen unsere Erziehungsvorstellungen aufzudrängen.

So langsam spricht es sich ja in unserer Gesellschaft und in der Politik herum: Das Unternehmen, in das wir investieren müssen, ist die folgende Generation im eigenen Land und die Armen in der ganzen Welt.

Ich bin immer traurig, wenn ich auf unseren Bahnhöfen so viele junge Menschen herumlungern sehe – meist Kinder oder Enkel von Einwanderern. Ausländer sind sie ja schon lange nicht mehr. Hätte es sich nicht letzten Endes gelohnt, mehr in sie zu investieren, in Integration im Kindergarten, in Schulen mit ganztägiger Betreuung?

Nun scheint es, wir seien am Ende der Stolperstrecke angekommen. Doch da wartet, sozusagen zwischen den Zeilen, ein siebter Stolperstein: Mit der Geschichte, die Jesus erzählt, sagt er uns: Werdet erwachsene Christen! Nehmt die Herausforderung an, dass Gott euch euer Leben und seine Gaben anvertraut – und dann weggeht und euch schalten und walten lässt! Ihr könnt das Leben wagen, müsst nicht an Mutters Rockzipfel hängen. So werdet ihr das Leben bestehen und einst zur Freude Gottes eingehen.

Epilog: „Wie soll ich dich empfangen"
Gebet einer traurigen Seele
Liedpredigt über das Lied von Paul Gerhardt

Wie soll ich dich empfangen und wie begegn ich dir,
o aller Welt Verlangen, o meiner Seelen Zier?
O Jesu, Jesu, setze mir selbst die Fackel bei,
damit, was dich ergötze, mir kund und wissend sei.

Dein Zion streut dir Palmen und grüne Zweige hin,
und ich will dir in Psalmen ermuntern meinen Sinn.
Mein Herze soll dir grünen in stetem Lob und Preis
und deinem Namen dienen, so gut es kann und weiß.

„Wie soll ich dich empfangen?" – diese Frage setzt voraus, dass sich hoher Besuch angesagt hat. *„Siehe, ich stehe vor der Tür und klopfe an. Wenn jemand meine Stimme hören wird und die Tür auftun, zu dem werde ich eingehen und das Abendmahl mit ihm halten und er mit mir"* (Offenb. 3, 20).

Wer aber ist das fragende Ich? Zunächst einmal der Liederdichter Paul Gerhardt; dann die Kirche, die Gemeinde, die sich das Lied zu eigen macht; und schließlich ich, der ich das Lied mitsinge und mitbete:
Jesus, du bist so ein großer Herr und ich ein so armseliger Gastgeber. Ich komme mir so klein vor. In meinem Leben ist soviel Unordnung, soviel Dunkelheit. Was willst du von einer solch traurigen Seele erwarten? Ich habe auch niemand, den ich fragen könnte. Deshalb frage ich dich unsicher und staunend: Wie soll ich dich empfangen?

Damals, bei deinem Einzug in Jerusalem, da hat das Gottesvolk dich mit grünen Palmzweigen begrüßt und dir zugejubelt. Ich dagegen will dir Psalmen singen, im Gottesdienst oder zu Hause. Schon das wird meine Seele aufmuntern und meine Traurigkeit vertreiben. Überhaupt geht es mir schon besser, ich fange an, mich auf deinen Besuch zu freuen. *„Die gepflanzt sind im Hause des Herrn, werden in den Vorhöfen unseres Gottes grünen"* (Psalm 92).

Was hast du unterlassen
    zu meinem Trost und Freud,
als Leib und Seele saßen
    in ihrem größten Leid?
Als mir das Reich genommen,
    da Fried und Freude lacht,
da bist du, mein Heil, kommen
    und hast mich froh gemacht.

Ich lag in schweren Banden,
    du kommst und machst mich los;
ich stand in Spott und Schanden,
    du kommst und machst mich groß
und hebst mich hoch zu Ehren
    und schenkst mir großes Gut,
das sich nicht lässt verzehren,
    wie irdisch Reichtum tut.

Nichts, nichts hat dich getrieben
    zu mir vom Himmelszelt
als das geliebte Lieben,
    damit du alle Welt
mit ihren tausend Plagen
    und großen Jammerlast,
die kein Mund kann aussagen,
    so fest umfangen hast.

Jesus, diesen deinen Besuch bei mir hätte ich nicht veranlassen können. Dazu war ich viel zu traurig und schwach. Ja, ich hatte mich in meiner traurigen Seele geradezu eingeigelt. Aus dem Reich des Friedens und der Freude fühlte ich mich ausgeschlossen. Niemandem konnte ich meinen Kummer anvertrauen, ich konnte ihn mir ja selbst nicht recht erklären. Aber dann bist du gekommen, und damit sind Friede und Freude wieder in mein Leben eingezogen.

Ich habe mich immer für meinen Zustand geschämt. Mit deinem Besuch bei mir hast du mich geehrt, hast mir meine Selbstachtung zurückgegeben. Nun sehen mich auch meine Mitmenschen ganz anders. Wie hilflos war ich, trotz meines inneren Panzers, der herabsetzenden Kritik ausgeliefert, wie konnte mich jeder Blick, jedes Wort verletzen! Aber dann bist du gekommen, angetrieben nicht von Herrschsucht oder um mich in meiner Armseligkeit zu beschämen, sondern aus Liebe. Mit dieser Liebe hast du in mir ein Licht angezündet, in meinem Innersten. Und zugleich umfasst diese deine göttliche Liebe die ganze Welt mit ihren unaussprechlichen Plagen und Nöten.

Das schreib dir in dein Herze, du hochbetrübtes Heer,
bei denen Gram und Schmerze sich häuft je mehr und mehr;
seid unverzagt, ihr habet die Hilfe vor der Tür;
der eure Herzen labet und tröstet, steht allhier.

Jesus, ich bin bisher ganz mit mir und deinem Besuch bei mir beschäftigt. Aber dein Besuch gilt ja „aller Welt mit ihren tausend Plagen und großer Jammerlast". Ehrlich gesagt, wollte ich deinen Besuch zunächst für mich alleine haben. Aber nun tut es mir doch gut, dass es überall, auch in meiner Umgebung, Leidensgenossen gibt, traurige Seelen wie mich, und dass du auch zu ihnen kommen willst. Vielleicht kann ich mit dem einen oder der anderen Traurigkeit und Freude teilen. Und wenn ich, nachdem du mich besucht hast, selber auch einen Besuch mache? Ich muss mich dazu ein wenig überwinden, und dann mache ich dem anderen eine Freude – und mir selbst auch!

Ihr dürft euch nicht bemühen noch sorgen Tag und Nacht,
wie ihr ihn wolltet ziehen mit eures Armes Macht.
Er kommt, er kommt mit Willen, ist voller Lieb und Lust,
all Angst und Not zu stillen, die ihm an euch bewusst.

Ich habe Freude daran gefunden, andere zu besuchen, mit kleinen Aufmerksamkeiten zu beschenken – inzwischen bin ich fast stolz auf mich und mein gutes Tun. Könnte es sein, dass ich damit dich, Jesus, ein wenig in Zugzwang bringen möchte? Wenn ich mich so bemühe, dann kannst du doch nicht anders, als dass du dich meinem Besuch anschließt!? Aber du willst frei bleiben, so wie du ja auch mir meine Freiheit lässt. Du kommst auch einmal nicht, und dann muss ich es ertragen, dass mein Eifer ins Leere läuft. Das ist ja eher die Ausnahme als die Regel, und aufs Ganze gesehen beschenkst du mich so reich, dass auch einmal eine Erwartung unerfüllt bleiben kann.

Auch dürft ihr nicht erschrecken
vor eurer Sünden Schuld;
nein, Jesus will sie decken
mit seiner Lieb und Huld.
Er kommt, er kommt den Sündern
zu Trost und wahrem Heil,
schafft, dass bei Gottes Kindern
verbleib ihr Erb und Teil.

Jesus, dein Besuch bringt es mit sich, dass mein Leben neben deinem steht, und beide passen nicht zusammen. Meines erscheint da so widersprüchlich, so bruchstückhaft, so belastet mit uneingelösten Erwartungen, mit Verletzungen, die ich anderen in Worten und Taten zugefügt habe. Diese Beschämung muss ich aushalten. Deine Güte ist soviel größer als meine Schuld, du siehst meine Schuld als vergeben an, und so kann ich selbst auch mir wieder ins Gesicht schauen. Und da erkenne ich etwas Kostbares: Mein Verhältnis zu Gott ist wieder hergestellt, ich kann Gottes Herrlichkeit in mein kleines Leben hereinscheinen lassen und darf sogar diese Herrlichkeit weiter strahlen zu meinen Mitmenschen. Das war Gottes Wille von Anfang an, dass ich an seiner Herrlichkeit teilhabe. Jesus, durch dein Kommen in unsere Welt hast du dieses unser göttliches Erbe wieder zum Leuchten gebracht.

Was fragt ihr nach dem Schreien der Feind und ihrer Tück?
Der Herr wird sie zerstreuen in einem Augenblick.
Er kommt, er kommt, ein König, dem wahrlich alle Feind
auf Erden viel zu wenig zum Widerstande seind.

Jesus, du machst es mir schmerzlich bewusst: Ich habe Menschen, mit denen ich verfeindet bin. Manchmal weiß ich nicht einmal, wie es dazu gekommen ist. Manchmal habe ich mich von anderen in ihre Konflikte hineinziehen lassen, anstatt nüchtern zu bleiben und nach einer Lösung der Konflikte zu suchen, was natürlich viel schwieriger ist. Wie leicht gerate ich doch in Erbstreitigkeiten, Nachbarschaftshändel, Autoritätskonflikte im Betrieb hinein? Ganz alte Feindschaften sind ein fester Teil meines Lebens geworden, und ich muss mich sehr beherrschen, um dich, Jesus, nicht um die Bestrafung oder gar Vernichtung dieser meiner Feinde zu bitten. Du willst nicht stellvertretend unsere Konflikte austragen, nicht die Feinde besiegen, sondern die Feindschaft. Du gehst mit, wenn ich den steinigen Weg der Versöhnung beschreite.

Er kommt zum Weltgerichte: zum Fluch dem, der ihm flucht, mit Gnad und süßem Lichte dem, der ihn liebt und sucht. Ach komm, ach komm, o Sonne, und hol uns allzumal zum ew'gen Licht und Wonne in deinen Freudensaal.

Jesus, du wirst wiederkommen in Herrlichkeit, als Weltenrichter. Das Neue Testament sagt uns das, und in vielen mittelalterlichen Kirchen sehen wir dich in Stein gemeißelt, auf deinem Thron, wie du die guten und die bösen Menschen voneinander scheidest. Darf ich es dir im Vertrauen sagen: Ich tue mich schwer mit dem Bild von dir als Weltenrichter. Ich sehe dich eher als den guten Hirten, den Helfer und Heiland. Aber ich gebe dir recht: Deine Heilandsliebe gibt es nicht ohne Klarheit und Wahrheit. Ich muss dir auch meine dunkle Seite, meinen Schatten zeigen. Dann stellst du meine Schuld unter das Vorzeichen deiner Vergebung. So kann ich mich freuen auf die Wiederbegegnung mit dir in Gottes ewiger Herrlichkeit.

Amen! Ja, komm, Herr Jesus!